1등의 초심 初心

1등의 초심

———

2017년 10월 2일 초판 1쇄 찍음
2017년 10월 10일 초판 1쇄 펴냄

지은이   정은희
펴낸곳   솔트앤씨드
펴낸이   최소영

등록일   2014년 4월 07일 등록번호 제2014-000115호
전화   070-8119-1192
팩스   02-374-1191
이메일   saltnseed@naver.com
커뮤니티   http://cafe.naver.com/saltnseed
블로그   http://blog.naver.com/saltnseed
홈페이지   http://saltnseed.modoo.at

ISBN 979-11-953729-8-0 (03320)

———

몸과 마음의 조화 솔트앤씨드

솔트는 정제된 정보를, 씨드는 곧 다가올 미래를 상징합니다.
솔트앤씨드는 독자와 함께 항상 깨어서 세상을 바라보겠습니다.

예상치 못한 위기를 만났을 때 기본으로 돌아가는 법

1등의 초심 初心

정은희 지음 · 스토리베리 구성

솔트앤씨드

당신이 있어서
다시 한번 용기를 내어봅니다.
이 세상 유일한
나의 키다리아저씨에게
무한한 사랑을…….

목차

4장 자기만의 원칙이 필요하다

5장 새로운 도전 앞에 선 사람들에게

프롤로그

내 안을 들여다보니
그 안에 답이 있었다

청천벽력 같은 소식이었다. 판매금액의 일부를 은퇴 후에 연금으로 지급한다는 미국 본사의 보상플랜이 한국 지사의 경우에는 해당하지 않는다는 것이었다. 직접 두 귀로 듣고도 믿을 수가 없었다. 강의를 통해서, 미팅을 통해서 후배 판매원들에게 누누이 이야기했던 '우리 회사의 장점'이 한낱 물거품이라니! 이제껏 후배들에게 '우리 회사에서 일하면서 자부심을 가져도 되는 첫 번째 가치'로 꼽던 것이 연금 제도였는데, 갑자기 내가 거짓말쟁이가 돼버린 것이다.

나는 화장품 브랜드인 M사에서 10년 동안 누구보다 열심히 일했다고 생각했다. 방문판매 세일즈 퀸으로서 부동의 위치를 지켜왔다고 자부한다. 한국에서는 다섯 번째로 최고 직급에 올랐고, 프로모션 카로는 벤츠를 지급받았다. 회사는 2년마다 새로운 벤츠를 제공해 주었다. M사는 미국에 본사를 둔 글로벌회사로 매출 4조 원의 시장을 갖고 있는 회사였다. 그중 3조 원이 중국 시장이었는데, 나는 중국인에 이어 아시아 3위를 기록한 실적을 갖고 있었다. 국내에서는 단연 톱 위치였다.

숨 가쁘게 앞만 보고 달려왔기에 은퇴 후에는 삶을 좀 여유롭게 살고 싶었다. 나만 중도하차하지 않는다면 연금을 받을 수 있었기 때문에 불가능한 일도 아니었다. 공무원도 아닌 회사 조직에서 은퇴 후에 연금을 받을 수 있다는 건 굉장히 획기적인 일이다. 봄여름 내내 땀 흘려 열심히 일했으니 가을에는 당연히 넉넉하게 열매를 거둘 수 있을 것이라고 여겼다. 그런데 난데없는 태풍이 불어와 심어둔 작물을 한꺼번에 쓰러뜨린 것이다.

태풍의 힘은 강력했다. 살아오면서 커다란 충격을 몇 번이나 받았지만, 우연히 알게 된 '불편한 진실'은 단시간에 삶의 기반을 통째로 흔들기에 충분했다. 회사에 대한 신뢰가 사라지자 팀원들 앞에 서는 것도 두려워졌다. 나부터 설득은커녕 이해도 되지 않는 사실을 그들에게 어떻게 설명할 것인가.

'나를 믿고 따르던 사람들인데 뭐라고 말해야 하지? 사실대로 말한다면 그들은 어떻게 받아들일까? 풍요로운 미래를 꿈꾸며 열심히 일하고 있는 그들에게 입 다물고 침묵하는 건 할 짓이 아니다. 그들에겐 사실을 알 권리가 있고 스스로의 생각으로 판단할 권리가 있다. 아니 그전에 그들이 받을 심리적인 충격은 어떡하면 좋지? 나부터 이렇게 삶이 송두리째 흔들리는 것 같은데…….'

생각은 끝도 없이 꼬리에 꼬리를 물었다. 일생을 올인할 생각으로 일했던 회사였다. 방문판매원으로 일하면서 10년을 한 회사에서 줄곧 일하는 사람도 업계에선 드문 일이었다. 하지만 나에게 회사는 신앙과도 같은 존재였기 때문에 불가능한 일은 아니었다.

M사는 창립한 지 50년이 넘었고 비교적 시스템이 안정되어 있는 글로벌 회사였다. 이곳에서 방문판매 활동을 하고 있는 판매원들이 느끼는 비전은 크게 두 가지였다. 백화점, 대리점

등에서 판매되지 않으며 오직 방문판매원들에게만 독점판매권을 주기 때문에 소매 마진이 보장된다는 것이 하나였고, 또 하나는 연금 제도였다. 특히 은퇴 후 판매 실적에 따라 일정 비율을 지급받는 연금 제도는 팀 빌딩Team Building을 위해 다른 판매원들을 모집하는 리쿠르팅recruting 활동에서 엄청난 임팩트를 발휘했다.

일반 회사로 치면 판매이사와도 같은 최고직급자의 자리는 방문판매원들에게 희망을 품고 도전하는 꿈의 지향점 같은 것이었다. 고등학생으로 치면 서울대에 합격한 것과 같았다. 선망의 대상이다 보니 최고직급자의 자리는 무수히 많은 사람들에게 영향력을 주는 자리였다.

일선에서 뛰는 하위 직급자들에게는 수익과 직결되는 소매 마진이 큰 메리트가 되었다면, 최고직급자가 받는 보상플랜의 초점은 연금 제도에 있었다. 보통 사람들이 9급 공무원에라도 도전하려고 마음먹는 이유가 바로 연금에 있다고 본다. 연금은 월급보다 더 큰 안정감을 주는 매력적인 요소가 아닌가.

M사가 한국에 런칭한 지는 10년이 조금 넘었기 때문에 한국 지사에서 은퇴를 하고 연금 혜택을 받을 정도로 오래 활동

한 최고직급자는 아직까지 없었다. 그런데 첫 연금 혜택자가 나오기도 전에 회사는 보상플랜을 바꿔버린 것이다. 한동안 망연자실해서 정신을 차릴 수 없었다. 지난 10여 년의 세월이 머릿속에서 주마등처럼 스쳐 지나갔다. 무엇보다 함께 했던 팀원들이 걱정되었다. 그들이 품었던 희망은 앞이 깜깜한 천 길 낭떠러지와 다름없었다.

'앞으로 한국 지사는 연금 혜택이 없다'는 사실 자체도 충격이었지만, 사실은 그보다 더 화가 났던 건 이야기를 전하는 임직원의 태도였다. 너무나 안이하고 무심해 보였던 것이다. 게다가 앞으로 연금에 대해서 일절 함구하길 바라는 암묵적인 태도마저 보였다. 일방적인 통보였음에도 어찌 해볼 도리가 없다는 것이 우리가 처한 처지였다. 갑의 횡포에 무자비하게 휘둘리며 아무것도 할 수 없는 을의 입장과 다를 바가 없었다.

모든 강의 일정을 취소했다. 이미 알게 된 사실을 감추고 외면한 채 계속해서 사람들 앞에 설 수는 없었다. 도저히 마음이 허락하지 않았다. 아무것도 할 수가 없었다. 결국 회사를 그만두기로 결정했다. 한동안 바깥에도 나가지 않았고, 집에만 틀어박혀 있는 날들이 이어졌다. 하루는 세수를 하다가 거울을 보는데, 눈썹이 죄다 빠져 있었다. 거울 속에 비친 나는 낯선 사람 같았다.

그러나 위기의 순간을 계기로 나는 10년 동안의 내 삶을 들여다볼 기회를 가질 수 있었다. '나는 제대로 일하고 있었는가?' '나는 성공한 사람인가?' '진정한 행복은 무엇인가?' '나는 누구인가?' 정답도 없는 질문들이 끊임없이 끓어올라 왔고, 그와 동시에 나는 '최고직급자인 정은희'가 아닌, 그냥 '인간 정은희'와 만날 수 있었다. 그렇게 나는 나를 둘러싼 현실을 똑바로 바라볼 수 있게 되었다.

어차피 시장 환경은 변하고 있었다. 스마트폰과 SNS의 발달은 방문판매를 포함한 세일즈 업계에도 엄청난 영향을 미치고 있었다. 돌파구가 절실했다. 잘 생각해 보면, 이번의 위기는 어쩌면 아프기 전에 먼저 맞는 예방주사 같은 것인지도 몰랐다. 꼭 이런 형태가 아니었어도 어차피 찾아올 일이었고, 내 삶에 변화가 필요하다는 경고인지도 몰랐다. 장기적으로 봤을 때 나에겐 오히려 잘된 일이라고 마음을 고쳐먹었다. 가만히 앉아 있다가 엄청나게 몰려오는 쓰나미에 삶의 터전을 모조리 잃어버리는 것보다는 폭풍우를 한 번 겪고 집 수리를 하는 게 나았다.

지난 10년간의 내 삶을 돌아볼 시간을 갖고 나자, 내 안에서는 또 한 번의 새로운 전성기를 만들어보고 싶다는 의욕이 솟아올랐다. 또 한 번의 10년이 지난 뒤 오늘을 돌아봤을 때 "그래, 50은 도전하기에 참 좋은 나이였어."라고 말할 수 있게 되기를 희망했다. 절망과 충격에 사로잡혀 있기보다 익숙한 곳을 떠나 새로운 곳에서 '나'를 증명해 보고 싶었다.

나는 새로이 둥지를 틀 곳을 찾기 시작했다. 내가 M사를 나왔다는 소문을 들었는지 같이 일해 볼 것을 제안하는 회사도 있었지만, 나는 신중하고 싶었다. 많은 곳에서 러브콜을 받았지만 섣불리 판단하지 않았다. 나는 시행착오를 반복하고 싶지 않았다. 각 회사가 제시하는 보상 조건 외에도 내가 정해둔 기준을 충족하는지 눈여겨 살펴보았다. 나는 다섯 가지 조건을 우선순위에 두고 회사를 찾았다(본문에서 자세히 이야기하겠다).

까다롭게 살펴보고 또 살펴보는 숙고의 날들이 이어졌다. 그러다 내 마음을 사로잡은 회사가 나타났다. 그 회사의 미국 본사로 직접 날아가 공장도 둘러보고 회장도 직접 만났다. 내 눈으로 직접 확인해 보고 싶었기 때문이다. 그들의 환대는 감동

적이었고, 나는 이 회사에서 일하기로 마음을 굳혔다.

한국에 돌아오자마자 플랜을 짜고 행동으로 옮겼다. 그리고 성과는 생각보다 빨리 찾아왔다. 5일 만에 놀랄 만한 성과를 이룬 것이다. 최고직급자 매출을 5일 만에 달성하고, 최고 직급에 해당하는 체어퍼슨chairperson에 오른 것이다. 전 직장이었던 M사로 치면 5일 만에 최고직급자가 된 것이었다(M사에서 나는 3년 6개월 만에 최고직급자가 되었고 이것 역시 당시 최단 기록이었다). 나의 가능성을 믿어주고 환대해 주었던 미국 본사마저 놀랐다.

이 책은 세일즈 톱을 달리며 10년간 일하던 회사에서 인생의 뿌리를 온통 흔들어대는 위기를 맞은 한 세일즈맨의 이야기다. 그리고 어떤 상황에도 잃지 말아야 할 삶의 기준을 세운 한 세일즈맨의 새로운 도전과 성취에 대한 이야기다.

현재를 살아가는 우리는 한치 앞을 내다보기 힘든 두려운 미래 앞에서 불안을 안고 살아간다. 그러나 항상 깨어서 세상에 대한 관심을 갖고 지켜본다면 반드시 희망의 틈새를 찾아낼 수 있다. 이 책을 만나는 모든 독자들이 불안과 두려움을 걷어내고 희망을 찾아내는 안목을 갖춰 행복한 미래를 맞이하기를 꿈꿔본다.

1장

나를 최고로 만들었던
5개의 키워드

위기는 40에도 50에도 온다
_ 도전의지

10년 전의 나는 성공하고 싶다는 마음으로 가득 차 있었다. 처음 세일즈를 시작했을 때 내 나이 마흔이었다. 전업주부로만 살다가 이혼 후 처음으로 사회 활동을 시작했던 때였다. 당시 나는 이렇다 할 특별한 능력도 없는데다가 빈털터리였지만, 그래도 반드시 이뤄낼 자신이 있었다. 고객 한 명 만나고 그 자리에 죽치고 앉아 수다를 떠는 다른 판매원을 보니, 나는 다르게 할 수 있을 것 같다는 용기가 생겼다.

말콤 글래드웰이 쓴 『아웃라이어』에서는 1만 시간의 노력을 투자하면 자기 분야에서 최고가 될 수 있다는 점을 강조한다.

나는 M사에서 3년 6개월 동안 화장품 방문판매로 하루 평균 10시간 이상 일하며 최고직급자에 올랐다. 일요일을 빼고 내가 일한 시간을 얼추 계산해 보니 1만 시간이 넘는다는 사실을 확인했다. 무언가를 잘하기 위해서, 자기만의 노하우를 얻기 위해서는 몰입하는 시간이 반드시 필요하다는 결론을 내렸다.

지금도 나는 세미나나 강의 시간에 이 이야기를 하곤 한다. "10년 후를 준비하기 위해 10년 내내 고생할 필요는 없습니다. 3년만 고생합시다. 3년만 집중력을 발휘해 봅시다. 나머지 7년은 풍요로울 것입니다."

처음 세일즈를 시작한 지 10년이 지나고 나를 돌아볼 기회를 가질 수 있었다. '10년 전 꿈꾸었던 대로 이루었는가?' 뒤돌아보니 성공했다고 자부하는 면도 있고 아쉬운 면도 있었다. 그렇다면 앞으로 다가올 10년은 어떨까?

그 사이 정치, 사회, 경제 등 모든 면에서 세상은 급변했다. 과거에는 현재의 모습을 바탕으로 미래를 예측할 수 있었다. 그러나 지금은 미래의 모습을 예측할 수 없는 것이 바로 미래의 특징이라는 전문가들의 말이 들려오고 있다. 더 이상 원만한 곡선을 그리며 변하는 세상이 아니다. 많은 전문가들이 다양한 시각에서 미래의 모습을 예상해 보고 있긴 하지만 실제로 어떤 세상이 펼쳐질지 손에 잡힐 만큼 선명하지는 않다. 다만, 제4차 산업혁명이라는 이름을 들먹이며 호들갑을 떨지 않더라도 지난 10년과 앞으로 살아갈 10년은 '상당히' 다를 것이라는 예감은 누구든 할 것이다. 우리들 마음속에 자리잡은 불안과 위기감의 실체는 아마도 그 '예측 불가능'에 있을 것이다.

직업의 세계도 그렇다. 안정된 직업이란 이미 오래 전에 옛말이 되었다. 의사, 변호사는 물론 한동안 철밥통으로 인식되던 공무원조차 이제 온전히 안심할 수 있는 직업은 아니다. 예측 가능한 것이 점점 사라지고, '1코노미 각자도생'(1인 경제, 각자 살길을 찾아야 한다)이란 말이 트렌드 키워드로 손꼽힐 만큼 우리 사회는 점점 각박해지고 있다.

기획재정부가 발표한 2017년 예산안에 따르면 특히 청년 일자리 창출 분야가 두드러졌는데, 이것은 역설적으로 일자리 부족의 심각성을 말해주는 대목이다. 창업 붐이 일고 있지만, IMF 외환위기 이후의 벤처 열풍과는 다르다. 대학 창업 동아리에서의 경험을 취업 스펙 쌓기용으로 활용하는 20대가 많고, 창업이 청년 일자리 해법의 한 축이 되지 못하고 있다. 또 생계

형 창업이 많은데다가 50대 이상의 창업도 많다. 중소기업청의 2017년 6월 발표에서 따르면 60대 이상 창업은 전년 대비 20.2퍼센트나 증가했으나, 혁신형 창업은 1퍼센트에도 못 미치는 것으로 평가됐다.

일자리가 점점 사라지고 부족해지는 시대에 '급변'이라는 말이 실감나게 다가올수록 나는 고민스러웠다. M사를 퇴사한 후 '세일즈 일을 그만둬야 할까' 하는 생각을 잠시 했지만, 그럴 순 없었다. 인생의 후반을 올인할 회사를 찾기로 했다. 하지만 잠깐 일하고 말 곳이 아니었기 때문에 신중해야 했고 그만큼 회사 찾기는 더 어려운 과제로 다가왔다.

'소비자를 직접 방문해서 제품을 소개하고 판매하는 방문판매는 앞으로 더욱 어려워질지도 몰라. 과거의 영광을 기억하며 지금까지 했던 대로 똑같이 하면 된다는 고루한 생각을 해서는 안 돼. 세상은 변하고 있어. 그런데 잠깐만! 방문판매 회사도 한국직접판매협회 소속이잖아. 직접판매 회사들로 시선을 확장해 볼까?'

네트워크 마케팅이라고도 불리는 직접판매는 사실 미국에서 시작된 유통 혁명이다. 중간 유통 단계를 없애고 좋은 제품을 소비자가 판매자에게 직접 구매하면서 할인된 회원가로 제공받을 수 있는 형태로 되어 있다. 그래서 영어로는 다이렉트 세일즈Direct Sales라는 이름이 붙은 것이다.

방문판매 사업은 분명 어려운 길로 접어들고 있었다. 하루는 팀원이 최근 고객을 만나 겪었던 일에 대해 이야기하면서 하소연을 했다. 그녀는 미리 약속된 고객을 방문해 무료로 스킨케어를 해주었고, 고객은 스킨케어에 사용된 제품들에 만족해하며 구매하고 싶은 제품들을 골랐다. 그런데 가격을 알려주자 그 고객이 보였던 반응은 매우 당혹스러운 것이었다.

바로 스마트폰을 집어들더니 온라인에 할인으로 올라온 같은 제품을 보여주며 "왜 이렇게 비싸요?"라고 묻는 것이었다. M사는 다른 화장품 브랜드들과 달리 백화점, 면세점, 대리점, 드럭스토어 등의 유통 채널 없이 오직 방문판매원들에게만 독점판매를 허락한다. 따라서 소비자는 유통 마진을 낮춰놓은 가격에 싸게 살 수 있고, 방문판매원은 소매 마진을 일정 부분 보장받으며 수익을 올릴 수 있는 구조였다. 그런데 도대체 누가 온라인에 제품을 올려 팔고 있는 것인가. 가늠할 수도 없었다. 방문판매원이 차를 운전해 제품을 들고 자택까지 방문하는 노동과 스킨케어로 미리 제품을 써보도록 배려해 주는 서비스 따위는 소비자들의 머릿속에서는 고려 대상이 아니었다. 온라인은 싼데 당신은 왜 비싸게 파느냐. 오직 그것만이 중요한 고려 대상이었다. 억울해도 할 수 있는 게 없었다.

내가 M사를 퇴사하자 엄청나게 많은 직접판매 회사에서 러브 콜이 왔다. 생각보다 큰 보상플랜을 약속하는 곳도 여러 군데였다. '직접판매'라고 하면 느낌이 좀 달리 들릴지 모르겠지만, '네트워크 마케팅', '다단계 판매'라고 하면 많은 사람들이 꺼리는 마음이 들 것이다. '제이유' '조희팔' 등으로 대표되는, 과거에 대한민국을 떠들썩하게 만든 굵직한 사건들이 있었기 때문이다. 하지만 공정거래위원회에서 2016년 발표한 다단계 판매회사의 매출 합계만 해도 5조 원이 넘는다. 시대의 흐름에 맞는 다른 길이 분명히 있을 것이라는 희망이 보였다. 방문판매가 어려워졌다고 해서 세일즈 일을 그만둘 수는 없는 노릇이 아닌가.

그렇지만 나는 같은 실패를 거듭하고 싶지 않았다. 최대한 신중을 기하면서 생각해 둔 기준에 맞춰 여러 회사들에 대한 정보를 찾았다. 내가 세운 기준은 다섯 가지였다.

첫째, 내가 가려는 회사가 글로벌 시장 진출이 가능한가?

둘째, 회사 오너들의 경영 철학이 투명하고 분명한가?

셋째, 제품력이 우수한가?

넷째, 만족할 만한 수익이 보장되는가?

다섯째, 비즈니스 타이밍이 적당한가?

다소 시간이 걸리더라도 나는 이 다섯 가지 기준에 부합하는 회사를 찾고 싶었다. 하지만 내가 찾는 곳은 좀처럼 보이지 않았다. 하나둘 만족시키는 곳은 간혹 있었지만 "그래! 바로 여기야!"라고 확 마음을 잡아끄는 곳은 없었다.

'정말 내 조건을 모두 만족시키는 회사가 세상에 있긴 있을까?'

시간이 지날수록 불안하고 초조했지만 나는 이미 타협하지 않기로 마음먹고 있었다. 앞으로 10년 이상 헌신하며 일할 곳이기 때문이었다. 그런데 기회는 찾는 자에게 온다고 했던가. 드디어 내가 생각한 다섯 가지 조건을 모두 충족시키는 회사를 찾게 되었다. 직접판매 사업을 기반으로 미국에 본사를 둔 '애릭스ARIIX'라는 글로벌 회사였다. 직장이 아닌 직업을 가지라며 미래 대안적인 사업으로 네트워크 마케팅을 권하던 경제학자

이영권 박사님이 추천하신 회사이기도 했다.

제품 라인을 살펴보니 BSCG(금지물질 통제단), USP(미국 약전), EPA(수질기준), NON GMO(비유전자변형식품), GMP(우주제조관리기준) 등의 인증마크를 획득했다. 회사를 살펴보니 기업 정보를 다루는 미국 잡지《INC.》에서 선정한 '가장 빠르게 성장하는 회사'(2016년 246퍼센트)로 뽑혔다. 또 전세계 글로벌 마케팅 회사들의 정보를 뉴스화하는 저널인《비즈니스 포 홈》에서 2016년 개최한 보상 플랜 선정 투표에서 8만 여개의 회사들 중에서 국내에 런칭한 회사들로서는 보상플랜 1위를 달성한 회사였다.《비즈니스 포 홈》이 추천하는 회사 등급에서는 트리플 에이AAA+였다.

런칭한 지는 5년가량이 되었고 한국에도 지사가 있었지만 그것만으로는 실체를 알기 어렵다는 판단이 들었다. 고민 끝에 미국 본사에 직접 가보기로 결정을 내렸다. 결정하기까진 시간이 좀 걸렸지만 한번 마음먹은 이상 시간을 더 끌 이유가 없었다. 바로 짐을 챙겨 미국행 비행기에 몸을 실었다.

긴 활주로를 떠난 비행기가 상승기류를 타기 시작했다. 머리 위에 있던 흰 구름이 눈 아래로 펼쳐졌다. 구름 속에서 나는 지난 몇 달간 눈썹이 빠지도록 고민했던 자문자답의 시간을 떠올렸다. 내가 일하는 분야의 최고가 되기 위해서는 어떤 자질들을 갖추어야 하는가. 나는 지난 10년간 그런 자질들을 잘 연마하며 일해 왔는가. 뼈를 깎는 성찰의 시간이었다.

열심히 살아도 인생이 꼬일 때가 있다
_자존감

'나는 좋은 리더였을까? 나는 어떻게 살아온 걸까? 내 인생에서 일과 성공을 빼면 뭐가 남지? 내가 정말 도전하고 싶었던 인생이 이게 맞나?'

전 직장인 M사를 퇴사하고 내 안에서는 끊임없이 답도 없는 질문들이 솟아올라 나를 공격했다. 회사에 대한 뿌리 깊은 믿음은 마치 결혼 날짜를 잡아두고 애인에게 뒤통수를 얻어맞은 것 같은 배신의 감정으로 돌아왔다.

10년을 한 회사에서 일하는 동안 매출에 따라 내가 받았던 연봉만 수억 원이었고, 내가 구축한 팀 안에서 나를 멘토로 삼고 있는 후배 판매원들은 수천여 명이었다. 나와 마주치면 그들은 사진을 찍고 사인을 받기에 바빴다. 나를 롤모델로 삼고 있는 꽤 많은 사람들이 "정은희처럼 되겠다"고 말하는 걸 자주 듣곤 했다.

그러다 하루아침에 모든 걸 내려놓으니 인생이 허무하게 거품처럼 사라지는 듯했다. 퇴사하고 난 뒤 6개월 정도는 '최고 직급자 정은희'가 아닌 '그냥 정은희'로 살았다. 어떤 때는 그저 별 수 없는 무기력한 아줌마의 일상으로 돌아온 느낌도 받았다. 지난 10여 년 동안 어쩌면 스스로 굉장한 사람이라는 최면에 걸려 허상 속에서 살고 있었던 건 아닐까. 나는 무엇을 믿고 있었던 걸까. 저만치 밀어두었던 생각이 하나둘 밀려오기 시작했다.

덕분에 일에서 멀어져 있던 시간 동안 어느 때보다 자신을 가깝게 만나고 돌아보는 시간이 되었다. 사람들에게 꿈을 말하고 리더로서 방향을 제시하고 있었으면서도, 정작 나는 위기에 대한 준비를 전혀 하지 못하고 있었다. 과연 내가 좋은 리더이기는 했는지, 정체성 혼란도 겪었다.

내 주위의 많은 사람들은 나를 커리어가 큰 리더 정은희로 생각했지만, 일에서 떠나 일상에서 만난 그냥 정은희는 의외로 여리고 한없이 나약한 구석이 많았다. 나조차 일상에서 부딪치는 그냥 정은희가 어색해서 어쩔 줄 모르곤 했다.

내가 나를 위로할 시간이 필요했다. 하지만 머리로는 알겠는데 마음은 무엇을 원하는지, 내가 뭘 하면 좋을지 알 수가 없었다. 오른손잡이가 하루아침에 왼손잡이가 된 듯했다. 포기하고 싶은 마음도 들었지만 그때마다 아기를 달래듯, 스스로 토닥였다.

'괜찮아. 걸음마를 배우는 거야. 한 번에 한 걸음만 걷자. 그리고 또 한 걸음 걷자.'

아무것도 손에 잡히지 않아서 한동안 방황하다가, 그동안 정말 하고 싶었지만 시간이 없어서 하지 못했던 것을 시작해 보기로 마음먹었다. 가장 먼저 손에 잡은 것은 프랑스 자수였다. 한 땀 한 땀 자수를 놓는 일이 그렇게 재미있을 수가 없었다. 시간 가는 줄 모를 만큼 푹 빠져들었다. 좋아하는 책도 실컷 읽었다. 혼자 영화도 많이 봤다. 신작 영화를 보기보다는 오래 전 추억이 있는 과거의 영화를 찾아서 봤다. 오후엔 산책을 나갔다. 오솔길을 따라 걸으며 흐드러지게 피어 있는 작은 들꽃을 만날 때면 저절로 탄성이 나왔다. 시장에 가서 싱싱한 재료를 사다가 요리를 하고, 햇빛이 좋은 날이면 창문을 활짝 열어두고 베란다 청소를 했다. 그러다 훌쩍 여행을 떠나는 날도 있었다.

어느 날 '국민강사'라고 불리던 김미경 씨의 이야기를 접했다. 그녀는 가족과 함께 식사할 시간조차 없을 만큼 바쁘게 강의 활동을 하다가 예고 없이 찾아온 시련을 겪었다고 했다. 논문에 관한 논란 때문에 예정된 강의들도 줄줄이 취소되었고 20명이던 직원들 중 5명만 남아 있는데도 더 이상 직원들을 책임질 수 없는 상황에 맞닥뜨렸다. 고된 현실을 겪으면서도 그녀에게 가장 괴로웠던 건 자신이 그렇게나 좋아하는 강의를 더 이상 할 수 없게 된 것이라고 했다.

강사가 된 후 처음으로 집에서 오랫동안 시간을 보내게 되었는데, 인생의 반을 집 밖에서 강의를 하며 지냈던 터라 집에만 있는 것 자체가 고통이었을 것이다. 그때 그녀가 선택한 것은 산책이었다. 걷고 멈추고 다시 걷고, 그렇게 걷기를 반복하다 땅에 아무것도 없으면 하늘을 보았다. 대화할 사람이 없으면 별과 대화했다.

그러다가 문득 '강사 김미경이 아니어도 나는 김미경이다'라는 것을 깨달은 순간 그냥 숨 쉬고 존재하는 자신을 들여다보게 되었다고 한다. 그때부터 '그냥 김미경'을 잘 데리고 사는 법을 생각했다고 한다. '잘했다, 잘 살았다!'고 고생한 자신을 칭찬하기, 살아 있는 걸 기뻐하기 등 스스로를 위해 무언가를 하며 유명강사 김미경에게 가려져 있던 그냥 김미경을 마주 대했다. 그렇게 자신을 추스른 후에는 예전과 달라진 마음으로 새로운 도전을 선택할 수 있었다고 한다. 지난날의 역경이 없었으면 맞지 못했을 '새 날'이었을 것이다.

그녀의 이야기는 내 모습과도 비슷하게 느껴졌다. 나 역시 '그냥 정은희'와 마주했다. 스스로를 정리하고 지나간 일들을 재정비하고 싶었기에 마음이 움직이는 대로 몸이 가게 내버려두었다. 바쁘다고 미뤄두었던 일을 하나씩 하면서 문득 분명한 사실을 한 가지 깨달았다. 내 주위엔 고맙고 감사한 사람들이 참 많다는 사실이었다. 나와 마주하는 시간은 어색하고 뭘해야 할지 모르는 시간일 줄 알았는데, 오히려 내가 원하는 것이 진정 무엇인지 마주하는 계기가 되었다.

내 나이 이제 쉰이었다. 앞으로 맞게 될 50대를 어떻게 보내는지에 따라 나의 노년도 달라질 터였다. 사회적으로 노인의 빈곤 문제는 끊임없이 이슈화되고 있었다. 의지할 사람 없고 저축한 돈도 없이 기초생활 수급자 수준의 소득으로 간신히 살아가는 노인이 일본에서만 600만~700만 명에 달한다는 추정치가 나오고 있었다. 초고령사회로의 진입이 그 어느 나라보다 빠를 것으로 예상되지만 복지 시스템은 뒤처진 대한민국에서는 그 문제성이 더욱 심각할 것이 분명하다. '하류 노인', '노후 파산'이란 말에 이어 지금은 '빚 갚는 중년', '중년 파산'이란 말까지 대두될 정도로 문제는 심각하다.

나 역시 그런 미래를 피할 수 있다는 보장은 없었다. 은퇴 후에 회사가 준다는 연금만 믿고 있다가 재테크도 제대로 해놓은 것이 없었다. 현재 살고 있는 집 한 채가 전부일 뿐 나 또한 노후 준비가 안 되어 있긴 마찬가지였다. 중년 이후의 존엄한 삶을 보장받으려면 언제까지 손 놓고 있을 수만은 없었다. 주변의 10년 이상 나이 많은 선배들을 만날 기회를 만들어 그들에게 질문을 던졌다.

"50대를 어떻게 살아야 현명할까요?"

나보다 먼저 인생을 살아온 이들에게 조언을 듣고 싶었다.

그들은 비슷하면서도 다른 말을 해주었다. 누군가는 일을 계속 해야 한다고 했고, 또 누군가는 물질보다 마음의 평안이 더 중요하다고 했다. 자식 농사가 최고라는 말을 하는 분도 있었다. 그러나 한 가지는 공통점이 있었다. 살다 보면 나의 의도와 다르게 벌어지는 상황이 생기는데, 그 시기를 어떻게 보내느냐에 따라 삶의 질이 달라진다는 것이었다.

어쩌면 내가 겪고 있는 위기는 또 다른 10년을 설계하는 데 꼭 필요한 사건인지도 모른다는 생각이 들었다. 문득 이혼 후 처음 세일즈를 시작했던 마흔의 내가 떠올랐다.

마흔은 도전하기에 참 좋은 나이였다
_ 집중력

　전업주부로만 살다가 이혼 후 처음으로 사회 활동을 시작했던 나는 당시 마흔 살이었다. 이렇다 할 특별한 전문성을 갖추고 있는 것도 없었고 번듯한 가게는커녕 조그만 점포 하나 차릴 자금도 없었다. 자존감도 많이 떨어진 상태였다.

　당장 먹고살 길이 막막했기에 급한 마음에 일을 시작했다. 그러나 갑자기 사회에 던져진 나는 일을 잘 하는 사람이 아니었다. 오랫동안 일할 수 있는 곳을 찾아다녔지만 현실은 가혹했다. 레스토랑의 캐시어 자리를 구했는데 열심히 일한 후에 받은 묵직한 월급 봉투에 십원짜리 동전이 가득한 걸 보고 충격을 받은 일도 있었다.

한때는 집밖에도 나가지 않고 방안에서 칩거하다시피 했다. 인생의 가장 밑바닥에 떨어져 있는 기분이었다. 사람들도 만나기 싫었다. 누워서 한 손을 뻗으면 창문이 닿고 다른 한 손을 뻗으면 현관문이 닿을 만큼 좁았던 원룸에서 햇빛 한 올 들어오지 못하게 커튼을 쳤다. 동굴 같은 방 안에서 작은 몸을 공처럼 만들어 하루 종일 어둠 속에 웅크리고 있었다. 날씨가 좋을수록 마음은 눅눅했다. 창밖의 화사한 햇살이 버겁기만 했다.

암울하고 나태한 생활에 종지부를 찍을 수 있었던 것은 커튼을 떼어내고 넘실대는 햇살을 마주대하고 나서부터였다. 다시 일을 하겠다고 마음먹은 내게 아버지는 이런 말씀을 하셨다.

"10년 후에도 너의 인생을 책임질 수 있는 일을 구해라. 앞으로 10년간 네가 자신을 책임질 수 있는 상태를 만들지 못한다면 이제 아무도 너를 책임지지 못할 것이다."

국내 화장품 브랜드 회사에서 일하다가 글로벌 회사로 옮겨왔던 것은 바로 그런 기준 때문이었다. 처음에 일하던 국내 화장품 브랜드 회사에서는 1년이 된 선배든, 5년이 된 선배든, 7년이 된 선배든 화장품 전문가로서 성장한 모습을 보이고 있는 사람이 없었다. 경력이 10년 이상 됐다는 사람도 상황은 마찬가지였다. 큰돈을 벌었다거나 전문가로서 자신만의 영역을 구축해 놓고 있는 사람을 찾을 수 없었다. 그저 적당히 일하고 적당히 벌어가는 수준에서 나름대로 생활하고 있는 사람들이 있을 뿐이었다.

처음 방문판매를 시작했을 때 내가 생각했던 유일한 기준은 '10년 후에도 할 수 있는가?' 하는 점이었다. 그 당시는 나만 열심히 일하면 정당한 대가를 받을 수 있는 회사를 찾았던 것 같다. M사에서 처음 일을 시작했을 때만 해도 노년의 삶은 희망적이었고, 나만 최선을 다하면 반드시 보람이 있을 것이라고 생각했다. 두 아들에게도 멋진 엄마의 모습을 보여주고 싶었다.

매일 밤 잠들기 전에는 다음날 실행할 6가지 중요한 일을 정리했다. 매주마다 주간 목표를 정했으며, 매년 나를 위한 목표도 정했다. 이 일이야말로 평생의 내 일이라 생각하고 창업주의 사명감을 벤치마킹했다. 일에 집중하고 헌신할수록 시장을 보는 안목이 바뀌어갔다. 매일 크고 작은 성취감을 느끼면서 스스로에 대한 가능성을 키워갔다.

판매금액이 하루 평균 300만 원을 넘어서면서부터는 '이만

하면 됐다'고 나태해지는 마음을 경계하기 위해 나만의 특단 조치를 취했다. 나의 하루 몸값이 얼마인지, 시간당 몸값은 얼마인지 계산해 본 것이다. 비가 온다고 쉬고, 눈이 온다고 집에 들어가면 '시간당 나의 몸값이 얼마가 날아가는 거다' 생각하고 나니 느슨해지는 마음을 추스릴 수 있었다.

또 10년 후의 내 모습을 상상하면서 용기를 얻기도 했다. 내가 떠올린 것은 '화장품 전문가'로서 성장해 있는 리더의 모습이었다. 나는 단순한 판매원이 아니라 '아름다운 시간을 선물하는 피부 전문가'라고 생각했다. 고객을 만날 때는 단순히 제품에 대한 정보만 전달하지 않았다. 두꺼운 피부과 책을 봐가며 열심히 공부한 덕에 나는 조금 특이한 판매원이라는 소리를 듣곤 했다. 고객의 생리주기를 물어보거나 생활습관을 확인하면서 어드바이스를 보태곤 했기 때문이다.

그렇게 하루하루 온 힘을 다하는 날들이 쌓여가면서 시작은 보잘것없었을지라도 매일 매순간 내 안에 있는 에너지를 최고로 끌어올리면 반드시 최고가 될 수 있다는 확신이 생겼다. 부정적인 생각보다는 긍정적인 마인드를 끌어올려 내 안의 장점을 극대화한 것이 비결이었을 것이다.

결국 최고직급자까지 오르는 데 3년 6개월이 걸렸다. 당시로서 최단기록이었다. 그러나 내가 언제나 탄탄대로만 걸었던 건 아니다. 오히려 사업 초기에는 두각을 나타내지 못하는 판매원이었다. 비슷한 시기에 시작한 다른 사람들은 평균 6개월이면 중간관리자 급에 올랐지만 나는 10개월이나 걸렸던 것이다. 덕분에 남들보다 기본을 더 탄탄하게 다질 수 있는 기회를 가졌다고 생각한다.

시간이 지나면서 리더로서 사람들 앞에 나서는 일이 많아졌다. 강연과 소모임을 통해 나처럼 힘든 사람들이 성장할 수 있도록 도우며 그들이 날로 달라지는 모습을 보는 것은 보람 있고 행복한 일이었다. 내가 전업주부였던 30대에만 해도 사람들 앞에 리더로 서는 날이 오리라고는 상상도 하지 못했다. 도전의 기회가 왔을 때 놓치지 않고 뛰어든 결과였다고 생각한다.

10년 동안 팀원들과 함께 도전하며 성공의 모습만 지켜본 것은 물론 아니다. 누군가는 실패를 딛고 다시 일어선 반면, 누군가는 회사를 떠나거나 아래 단계로 떨어졌다. 그렇지만 실패를 한 번도 겪지 않고 성공하는 사람이 있을까. 앞면만 있는 동전이 없듯 실패는 성공과 단짝이며, 빛과 그림자 같은 관계가 아닐까. 실패하기 싫다는 말은 성공하고 싶지 않다는 말과 같은 것일지도 모른다. 내가 마흔이라는 나이에 새로운 도전을 시작할 수 있었던 이유도 실패에 대한 두려움보다 도전이 주는 성취를 더 중요하게 여겼기 때문이었다.

의지가 없어도 계속할 수 있는 습관의 힘
_ 끈기

10년 동안 화장품 방문판매원으로, 새로 시작하는 후배 판매원들을 교육하는 세일즈 리더로 일하는 동안 남들 보기엔 승승장구하는 것처럼 보였겠지만, 항상 꽃길만 걸었던 것은 아니다. 동료들의 시기와 질투가 세트처럼 따라온 적도 많았고, 터무니없는 소문의 주인공이 된 적도 있었다. 고객과 만나기로 했는데 일방적으로 약속이 취소되거나, 약속하고 찾아갔지만 고객을 만나지 못했던 일도 비일비재했다. 이런 나의 과거사(?)를 아는 후배들은 종종 이런 질문을 던지곤 했다.

"정말 힘들 때 어떻게 견디고 극복하셨어요?"

뭔가 멋진 말을 해주고 싶어도 내가 지닌 답은 딱 하나였다. 나에겐 오직 '끈기'가 있었을 뿐이다. 한두 번 해서 안 된다고 물러서기보다는 어떻게 하면 잘 할 수 있을지 고민했다. 나는 타고난 달변가가 아니었기 때문에 아무리 제품에 대해 열심히 공부했어도 대본을 만들어 고객 앞에서 해야 할 말을 연습하곤 했다. 고객을 만나 이런저런 대화거리를 만들기 위해서 최근 이슈에 대해 검색해 보고, 고객이 종사하는 직종의 전문용어를 공부했다.

사람을 만날 때도 효율적으로 시간을 쓰기 위해 매일 동선을 짰다. 약속이 갑자기 펑크 나는 경우도 종종 있었는데, 이럴 때 헛되이 시간을 보내지 않으려면 대안을 한두 개 정도는 마련해 두어야 했다. 내가 끈기를 갖고 일했던 이유는 특별히 의지가 강한 사람이어서가 아니라 생각을 행동으로 옮길 수 있는 시스템을 만들어둔 덕분이었다.

그동안 방문판매원으로 고수익을 올려보겠다고 도전했던 많은 사람들을 생각해 보면, 처음부터 열정 가득 의욕을 활활 불태우는 사람이 꼭 성공하는 것은 아니었다. 빨리 달아오르는 사람은 오히려 지치기 십상이었고, 오랜 기간 버티지 못했다.

자전거를 처음 배울 때 노하우를 확실히 익히기까지는 다소 시간이 걸리지만 일단 한번 습득하고 나면 이후에는 즐기면서 탈 수 있게 되는 것처럼, 일도 마찬가지였다. M사에서 처음 신입 교육을 받을 때 회사에서는 받고 싶은 월급을 각자 써내라고 했다. 많은 사람들이 꿈에 부풀어 상당한 금액을 적어냈지만, 나는 정말 소박한 금액을 적어냈다. 그것을 보고 회사에서는 나를 참 특이하게 바라봤던 것 같다. 하지만 나는 1천만 원에서 억 단위를 적어내는 사람들을 보면서 스스로 희망고문을 하는 것 같다는 생각이 들었다. 나는 좀 더 현실적인 접근을 하고 싶었다. 적어도 내가 적어낸 금액은 현재의 내 노력에 대비되는, 실체가 정확한 액수였다.

꿈이나 희망사항을 말할 때 대부분의 사람들은 이상향만 좇는 경향이 있다. 그것은 마치 별을 따오기를 바라거나 로또를 희망하는 것과 같아 보인다. 그러나 내게 로또는 없었다. 다만 내 노력을 대가로 한 성과가 있을 뿐이었다.

나와 비슷한 시기에 일을 시작한 동료들 중에도 중간에 그만둔 사람들이 있다. 한 달도 못 돼 그만둔 사람, 1년 만에 그만둔 사람, 심지어 중간 직급까지 올라갔는데 계속하지 못하고 그만둔 이들도 있었다. 그들 대부분이 최고직급자가 되겠다는 꿈을 꾸며 입사한 이들이었다. 성공하고 싶다는 마음으로 가득 차 있고, 반드시 이뤄낼 자신이 있다고 믿었던 초반과 달리 왜 그리 쉽게 포기하고 말았던 것일까. 그들에게는 능력이 없었던 것이 아니라 끝까지 버티는 힘이 부족해서 그랬던 건 아닐까. 왜 나는 됐고 그들은 안 된 것일까.

일은 되다가도 브레이크가 걸리고 안 되다가도 잘 풀릴 때가 있는 법이다. 누군가에게는 내가 쉽게 가는 것처럼 보였을지 모르지만, 나는 그들이 보지 않는 곳에서 쉬지 않고 노력했다고 자부한다. 내가 할 수 있는 모든 일을 했고, 만나야 할 사람들을 만났으며, 가야 할 곳에 기꺼이 갔다. 목표를 세우고 달성할 수 있는 방법을 생각하고 도전했다. 성공한 적도 있었지만 실패한 적도 많았다. 그러나 나는 포기하지 않고 될 때까지 했다. 장기적으로 멀리 내다보는 시선을 갖추고 조급해하지 않았다면 그들도 지금 나와 함께 열매를 따고 있었을지 모를 일이다.

충남 공주시에 '공주 부자떡집'이란 곳이 있다. 쫄깃한 찹쌀반죽에 밤, 대추, 호두, 땅콩 등 각종 견과류를 넣어 그 맛이 일품이라고 소문난 일명 '부자떡'을 만들어내는 곳이다. 공주에서는 랜드마크 같은 존재로 여겨지기도 하고 방송에 소개되기도 해서 꽤 유명한 곳이다. 우연히 그곳 사장님인 최원숙 씨를 사석에서 알게 되어 평소 궁금했던 점을 이것저것 물어보았다.

"돈을 많이 버는 유명한 떡집이니 배우겠다고 오는 사람들도 많겠어요."

"있기야 있죠. 그런데 시작하는 사람은 많아도 오래 버티기를 못해요. 조금만 더 버티면 한 고비 넘길 수 있는데 그 마지막 선을 넘기지 못하는 경우가 많아요."

힘들게 고생만 하고 제대로 배우지 못하고 떠나는 사람들을 볼 때마다 최원숙 사장도 대신 해줄 수 있는 일이 아니라서 그저 안타깝기만 하다고 했다.

일하면서 힘든 일을 겪을 때마다 나는 그 일의 끝을 생각해보곤 한다. 현재 겪고 있는 일 때문에 죽을 듯 괴로워도 이 고통이 언젠가는 끝난다고 여기는 것과 끝나지 않고 영원히 계속될 것이라고 생각하는 것은 하늘과 땅 차이만큼 거리가 있다. 끝이 있다고 여기면 어려운 고비도 한결 넘기기가 쉬웠다. 그래서 하기 싫은 일이나 어려운 일을 할 때는 데드라인부터 확인하곤 했다. 마감이 있을 때와 없을 때 일의 속도가 다르다는 것은 다들 한번쯤 경험해 봤을 것이다. 시간 등의 기준을 정해두고 일하면 생각보다 큰 추진력이 생겼다.

나는 특별히 체력이 좋은 편도 아니었고 투지에 불타서 불도저처럼 밀어붙이는 스타일도 아니다. 그래도 남과 다른 성과를 올렸던 비결이 있다면, 하기로 결정한 일은 '72시간 안에 반드시 행동으로 옮긴다'는 원칙이 있었다는 것이다. 이 점에 대해서는 강연할 때마다 강조해서 이야기하기도 했다.

"여러분, 새해 계획이나 무언가 결심한 일에 대해 작심삼일로 끝나버릴 때 좌절해 본 적 있으시죠? 그런데 작심삼일은 그리 좌절할 일이 아닙니다. 사실은 대단한 힘을 지닌 것입니다. 대신 결심한 일이 있다면 반드시 72시간(3일) 안에 행동으로 옮겨야 합니다. 하다가 잠시 중단하더라도 그 작심삼일을 1년에 100번만 반복해 보세요. 못할 일이 없습니다. 일요일을 빼고 평일에만 계속할 수 있어도 1년을 버틸 수 있는 힘이 생기는 것입니다."

지금까지의 경험으로 보면 성공은 좋은 습관을 얼마나 가졌느냐에 따라 달라지는 것 같다. 굳이 힘들여 의지력을 발휘하지 않아도 습관화한 것에 대해서는 몸이 알아서 '저절로' 행동해 준다. 출퇴근이 정해져 있지 않은 방문판매원들은 스스로 스케줄을 정하고 움직여야 하기 때문에 그만큼 습관의 힘은 더 크게 발휘된다. 다음의 세 가지를 매일 무조건 행동으로 옮긴다고 생각해 보자.

- 아침 8시에는 무조건 집 밖으로 나갈 것
- 매일 고객들 10명에게 전화할 것
- 저녁 8시가 되기 전에는 집에 들어가지 않을 것

이렇게 정해놓은 기준대로 매일 반복하면 습관으로 만들어가는 것은 그리 어렵지 않은 일이 된다. 다만, '딱 한 번 오늘만 예외로 하자'는 마음이 언제든 생길 수는 있다. 그 딱 한 번 무너져버린 하루가 몇 년간 지속해 왔던 습관을 집어삼키기도 하기 때문에 긴장감은 유지하고 있어야 한다.

"어느 날 자고 일어났더니 유명인사가 되었다"는 말이 있다. 그러나 그들이 남들 생각처럼 그렇게 하루아침에 신데렐라가 된 것은 아닐 것이다. 소가 뒷걸음질 치다가 쥐잡은 격이라면 언제든 무너질 탑이라고 말할 수 있겠지만, 그간의 숨겨진 노력이 쌓여 어느 순간에 넘쳐흐른 것이라면 안심해도 좋다. 그런 건 쉽게 무너질 탑이 아니기 때문이다.

오늘날 '믿고 보는 국민배우'라고 불리는 하정우도 젊은 시절엔 숱하게 오디션에서 떨어졌다고 한다. 그때의 하정우만 떼어내서 생각한다면 오늘날 '하정우'라는 배우는 상상하기 힘들 것이다.

인생은 어느 한 순간에 이뤄지는 것이 아니라고 생각한다. 어느 날 갑자기 만들어진 성공도 없을 것이다. 내 속으로 낳은 아이도 내 뜻대로 되지 않는데 타인의 마음을 움직여 원하는 것을 얻어내는 것이 어디 쉬운 일이겠는가. 실패와 난관을 겪는 것은 특이한 일도 아니고 이상한 일도 아니다. 그보다는 우리가 성공으로 가기 위해 당연히 겪어야 하는 일상적인 일이다. 아인슈타인은 수학으로 어려움을 겪는 학생들에게 이렇게 말했다고 한다.

"수학 때문에 애를 먹는다고 걱정할 필요 없네. 수학으로 헤맨 걸로 따지면 내가 자네보다 훨씬 더했다고 장담하니까."

그가 가진 탁월함은 한계를 인식하고 자신의 부족함을 분명히 알며 더 많이 배우기 위해 노력한 점일지도 모른다. 그와 비교할 바는 안 되지만 나도 누군가 힘겨워하는 말을 들으면 비슷한 말을 할 수는 있다.

"생각대로 되지 않는다고 좌절할 필요는 없습니다. 시행착오를 겪은 걸로 따지자면 내가 당신보다 한 수 위니까요."

나는 과연 좋은 리더였는가
_ 성찰

　M사에서 일했던 10여 년 동안 나는 내 인생의 주인공으로 살면서 다른 사람들 앞에 리더로 서고 있다고 생각했다. 하지만 퇴사 후 그동안 가지고 있던 것들을 내려놓고 보니 모든 것이 허상이 아닌가 하는 생각마저 들었다. 나를 믿고 따라준 사람들에게 한없이 미안하고 부끄러웠다. 방문판매 조직이든 직접판매 조직이든 회사와 제품 라인도 중요하지만, 세일즈 현장에서 더욱 중요한 영향력을 발휘하는 것이 바로 상위 직급자인 리더다. 우리 팀 안의 후배 판매원들이 믿었던 것은 회사가 아니라 나였을 것이라 생각하니 마음이 무거웠다.

퇴사 후 지난 10년의 생활을 정리하면서 곰곰이 리더로서의 내 모습을 돌아보았다. 자기 안위만 챙기느라 급급한 게 아니라 주변까지 함께 아우르는 사람, 거짓말로 장밋빛 미래를 말하며 사람들을 현혹시키지 않고 정직하게 있는 그대로의 상황을 말하고 대책을 마련하기 위해 노력하는 사람, 좁은 시야를 벗어나 더 큰 안목으로 넓고 깊은 곳까지 볼 줄 아는 사람, 그런 것이 내가 바라는 리더의 모습이었다.

"당신이 있었던 곳에서 당신은 그런 리더였습니까?"

누군가 이렇게 물었다면 솔직히 자신 있게 대답하지는 못하겠다. M사는 사람들의 변동이 많은 곳이었다. 실적에 따라 높은 연봉이 약속되지만 개인에 따라 천차만별이기 때문에 무조건적인 성공을 장담할 수는 없었다. 일의 성격상 사람과 사람 사이의 신뢰가 절대적이었기 때문에 나 또한 '신뢰의 도마' 위에 올라 낱낱이 해부될 수 있었다.

예나 지금이나 나는 반드시 조직의 정점에 올라야만 리더가되는 것은 아니라고 생각한다. 진정한 리더는 타인의 마음을 움직이기 전에 자신의 삶부터 경영할 줄 아는 사람이어야 한다고 믿어왔기 때문이다. 그렇기 때문에 '내게 리더십이 있는가?'라는 질문은 '내 삶을 잘 운영하고 있는가?'라는 질문과 같은 것이었다. 인생이라는 반석 위에 자신의 힘으로 반듯이 설 수 있어야 다른 사람을 이끄는 리더도 될 수 있을 테니까 말이다. 나에게 있어 리더가 된다는 건 나를 롤모델로 삼고 따라올 수 있도록 나를 바로세우는 것을 의미했다.

사실 자신의 힘으로 인생을 바꾸는 것엔 한계가 있다. 맑은 날씨를 좋아한다고 매일 햇빛이 찬란하기만 바랄 수 없고, 비오는 날을 좋아한다고 매일 먹구름이 끼기만 원할 수도 없기 때문이다. 하지만 날씨는 어찌 할 수 없더라도 날씨를 바라보는 마음은 바꿀 수 있지 않을까.

맑은 날엔 햇빛이 강하다고 화를 내고, 비가 오는 날엔 우산이 없다고 짜증을 내기보다, 맑은 날엔 멋진 선글라스를 준비하고 비 오는 날엔 예쁜 우산을 준비하면 된다. 맑으면 맑아서 좋고, 비가 오면 비가 와서 좋은 날을 맞이하면 되는 것이다.

나도 처음엔 원하는 대로 팀원들이 따라오지 않으면 사람이나 환경 탓을 많이 했다. 하지만 중요한 것은 사람이나 환경이 아니었다. 일이 잘못되는 것은 대부분 내가 마음의 고삐를 잡지 못하고 휘둘렸기 때문이었다. 시간이 지나고 경험이 쌓이며 외부 환경에 휘둘리지 않는다는 게 무엇인지 알게 되면서부터 나도 조금씩 변하기 시작했다. 주체적으로 일을 하고 계획을 세워 사람을 만나면서 시야가 확대되자 어떻게 하면 더 잘 할 수 있을지 보였던 것이다.

누가 시키는 대로 하는 게 아니라 스스로 생각하고 아이디어를 내고 실행하고 개선하고 다시 행동으로 옮기는 동안 나도 모르게 많은 팀원들을 이끌고 있는 최고직급자가 되어 있었다. 그리고 그들에게 도움을 줘야 하는 리더의 역할을 요구받기 시작했다.

타고난 리더도 있을지 모르지만 나 같은 경우엔 하나씩 배우면서 성장하는 타입이었다. 내 그릇이 작으면 작은 대로 크면 큰 대로 팀원들과 함께 잘 되는 방법을 고민하고 그들과 함께 웃고 울었다. 신기한 것은 내가 잘 할 때보다 그들이 잘 할 때 더 뿌듯하고 기뻤다는 사실이다. 아이들이 밥 잘 먹는 것을 보면 먹지 않아도 배부른 어미의 마음과 비슷했을 것이다.

10년 동안 한 회사에서 일하면서 때로는 실수도 하고 때로는 잘못을 하기도 했다. 그러나 그중 어느 것 하나 버릴 것이 없었다고 생각한다. 좌충우돌하면서 배운 것들은 모두 '경험'

이라는 귀한 자산으로 남았기 때문이다. 사람이 얼마나 소중한지, 왜 신뢰가 중요한지, 어떤 것을 끝까지 갖고 가야 하는지, 일을 통해서가 아니면 배울 수 없었을 것이다.

어떤 리더가 좋은 리더인지 사람마다 보는 기준이 다르겠지만 나는 두 가지를 꼽고 싶다. 하나는 앞서 말한 대로 스스로 자기 삶의 주인공이 되어 살아가는지 여부다. 자기 삶의 주인공으로 사는 사람은 자신이 어떤 사람인지 잘 안다. 무엇을 잘하는지, 무엇에 서툰지, 언제 화가 나는지, 언제 동기부여가 되는지, 한 마디로 자신에 대해 제일 잘 아는 전문가인 것이다.

그러나 솔직히 고백하자면 이렇게 말하는 나 자신도 마흔 살이 될 때까지 나에 대해 잘 몰랐다. 일을 하면서 나를 만났던 사람들이 들으면 무슨 소리냐고 반문하겠지만, 사실이다. 직장생활 경험도 많지 않았고 결혼하고 아이를 키우다가 갑자기 사회에 나왔기에 무엇을 해야 할지 막막했다. 내가 정말 알아야 할 중요한 것이 무엇인지 알지 못했다.

마흔에 다시 일을 시작했을 때 화장품 회사에 들어가게 되었던 것도 사실은 화장품에 관심이 많아서라기보다 여성으로서 일하기 쉬워 보였기 때문이었다. 다른 주부들도 하니까 나도 할 수 있겠다는 생각이 들었던 것이다.

첫 출근을 할 무렵 내 통장의 잔고는 3만 원이었다. 지금 돌이켜봐도 그때는 살아야 한다는 생존 이외에는 아무것도 생각할 수 없는 상황이었다. 허허벌판에 혼자 내던져진 상태에서 나는 내 삶의 뼈대를 처음부터 하나씩 만들어야 했다. 당장 눈앞의 나이, 마흔을 생각했다. 그리고 10년 후의 내 삶을 생각했다.

'쉰이 되어도 이렇게 살고 있으면 어떡하지. 지금 정신 차리지 않으면 평생 빈곤에서 벗어나지 못할 거야.'

정신이 번쩍 들었다. 나를 책임질 수 있는 사람은 온전히 나 자신밖에 없었다. 도움을 요청하거나 끌어줄 사람도 없었다. 화장품 세일즈를 업으로 삼았으니 스스로 1인 기업을 운영하는 리더가 되어야만 했다. 절박한 상황은 내가 어떤 삶을 살아야 하는지 생각하게 했고, 기댈 멘토가 없었기에 스스로 멘토가 되어야만 했다. 자기 삶의 주인공이 되어야 타인을 이끄는 리더가 될 수 있다는 생각은 아마도 그때의 경험에서 비롯됐을 것이다.

내가 좋은 리더인지를 판별하는 두 번째 기준은 다른 사람의 성공을 진심으로 바라는 마음이다. 내가 좋은 리더가 되고 싶은 이유는 돈을 많이 벌 수 있어서가 아니다. 사람들이 성장하는 것을 돕는 것이 그저 기쁘기 때문이다. 내가 발로 뛰어 얻은 노하우를 기꺼이 사람들과 공유했던 이유도 그들의 성장이 곧 나의 성장이라고 여겼기 때문이다. 혼자만의 성공을 꿈꾸는 사람은 결코 좋은 리더가 될 수 없다는 생각은 지금도, 앞으로도 변함없을 것이다.

2장

세계 최단기록,
5일 만의 성취

유타주에서
애릭스 경영진을 만나다

　'여기가 제발 내가 찾는 그곳이길! 그런데 혹시라도 내가 찾는 회사가 아니면 어떡하지?'

　LA 공항을 거쳐 유타Utah 주로 들어가면서 나는 간절하게 기도했다. 열정 가득한 20대 청년도 아니고 맨땅에 헤딩해 가며 실패도 의미 있는 것이라고 위안 삼을 시간이 없었다. 그래도 10시간이 넘게 비행기에 몸을 싣고 애릭스 본사의 실체를 직접 느껴보려고 미국에 들어설 때는 나름대로 결의에 차 있었다. 몇 백만 원의 비행기 값과 숙소비 등의 경비를 들여 미국으로 떠났으니 좋은 결과를 바라는 것은 당연했다. 회사에 대한 기대가 없었다면 출발도 하지 않았을 여행이지만, 긴 비행시간 내내 나는 시계추처럼 불안과 희망 사이를 왔다 갔다 했다.

다른 회사에서도 자기네 본사에 견학 오라는 제안을 한 적이 있었다. 하지만 나는 관광하듯 이 회사 저 회사를 순례할 처지가 못 되었다. 놀러가는 기분으로 견학 가는 것도 옳지 않을뿐더러 그럴 여유도 없었다.

유타 주는 인구의 90퍼센트 이상이 네트워크(직접판매) 사업에 종사하고 있다고 한다. 미국 정부가 그것이 가능한 모든 환경을 조성해 주고 정책적으로 밀어주었기 때문이란다. 그래서인지 유타 주로 가는 비행기 안이나 유타 주 공항 안의 사람들은 여행할 때의 들뜬 분위기보다 비즈니스를 하는 사람들 특유의 담백한 태도가 눈에 많이 띄었다.

호텔에 들어가서 쉬던 첫날은 설렘과 걱정으로 심장이 요동쳤다 가라앉기를 반복했다. 다음 날 아침, 라일리Riley Timmer라는 이름의 애릭스 회사 임원(최고운영책임자COO)이 나를 마중 나왔다. 그는 배우처럼 잘생긴 사람이었는데 오늘 자신이 갖고 온 차는 아내에게 선물했던 것이라고 했다. 자신의 차보다 아내의 것이 더 좋은 기종이라 나를 마중 나오려고 하루 빌렸다는 것이다. 그의 인간적인 모습에 긴장하고 있던 마음이 조금 누그러졌다.

'아, 따뜻한 사람이구나.'

라일리의 말과 몸짓은 내 마음을 편안하게 만들어주었다. 그는 회사 임원이라는 지위와 상관없이 나를 즐겁고 유쾌하게 만들어주기 위해 무척 애를 썼는데, 겉치레보다 실속을 중요하게 생각하는 것 같았다. 형식을 지키되 지나치지 않아 나도 편하게 그를 대할 수 있었다.

아침 식사 후 라일리의 안내를 받아 들어간 애릭스 본사는 군더더기 없이 깔끔했다. 로비에는 굉장히 큰 나무가 있었고 한쪽 벽면은 회사가 받은 상들이 자리를 차지하고 있었다. 한국이라면 하나하나 잘 보이도록 진열해 놓았을 텐데, 별다른 디스플레이 없이 빽빽하게 놓아둔 것이 인상적이었다.

IQ가 168이라는 프레드 쿠퍼Fred Cooper 사장(최고경영자CEO)은 라일리처럼 소박한 태도를 지니고 있었다. 목소리가 '솔' 톤으로 들려서 시종일관 유쾌했다. 이야기를 재치 있게 끌어가는 솜씨 또한 남달랐다. 테이블 위에 놓인 큰 와인 잔에 사탕이 잔뜩 담겨 있어서 내게도 권했다. 방문객을 위해 준비한 간식인 듯했다. 사실 프레드 쿠퍼 사장은 그날 다른 스케줄이 있었다고 한다. 그런데도 굳이 나를 만나기 위해 기다리고 있었던 것이다. 나를 위해 시간을 내준 그에게 고마운 생각이 들었다.

그 두 사람 외에 또 다른 임원들도 만났다. 제프 예이츠Jeff Yates최고재무책임자CFO와 디아나Deana Latson라는 여성 임원(최고개인정보책임자CPO) 등 총 다섯 번의 미팅을 진행했다. 중간에 변호사가 참여한 미팅도 있었다. 내가 생각한 것 이상으로 꼼꼼하고 체계적으로 보상플랜의 설명이 진행되었다. 회사에 수익이 생기면 이 돈을 어떻게 분배하는지 판매자와 신제품 개발을 위해 어떤 투자를 하는지도 설명해 주었다.

'어, 저런 것까지는 내가 알 필요 없을 것 같은데…….'

그런 생각이 들 정도로 설명은 자세했다. 그런데 미팅이 진행될수록 그들의 마음에 감화되는 것 같은 기분이었다. 처음에는 별걸 다 이야기한다는 생각도 들었지만 임원들의 태도는 그만큼 진지했다. 작은 것 하나까지 판매자에게 성실하게 설명하고 이해시키는 그들의 태도에 회사에 대한 믿음이 갔다.

내가 미국까지 와서 애릭스 본사를 둘러봤던 이유는 이 회사가 정말 내가 생각한 기준에 맞는가 확인해 보기 위해서였다. 회사의 도덕성과 오너들의 확고한 철학은 물론, 제품은 믿을 만한지 내 눈으로 직접 보고 싶었기 때문이다. 한국의 일부 네트워크 회사에서 벌어지는 문제점 때문에 도덕성을 담보할 수 있는 회사를 찾고 있었고, 사업을 위해서는 제품이 좋아야 한다고 생각하던 내게 애릭스는 그런 조건들을 만족시키는 유일한 곳으로 보였다.

본사를 둘러보는 동안 내 생각은 더욱 확고해졌다. 애릭스는 네트워크 회사 최초로 판매자의 모든 권리를 지켜주는 법적 공증인 '권리장전'을 만들어 오너들이 회사 방침을 마음대로 바꿀 수 없도록 문서화시켜 놓았다. 권리장전의 내용은 다음과 같다.

1. 당신은 파트너 위원회에 참여할 권리가 있습니다.
2. 당신은 이익에 대해 공유할 수 있는 권리가 있습니다.
3. 당신은 진정한 소유권과 보호 받을 권리가 있습니다.
4. 당신은 보상플랜에 대한 변경사항을 검토할 권리가 있습니다.
5. 당신은 애릭스의 전문가가 될 권리가 있습니다.
6. 당신은 애릭스의 충성을 받을 권리가 있습니다.

7. 당신은 정확한 설명과 합당한 공지를 받을 권리가 있습니다.

8. 당신은 즐거움과 혜택을 함께 할 권리가 있습니다.

9. 당신은 애릭스의 향후 계획에 대해 도울 권리가 있습니다.

10. 당신은 공정하고 일관성 있는 대우를 받을 권리가 있습니다.

11. 당신은 애릭스와의 원래 계약을 유지할 권리가 있습니다.

회사가 이런 방침을 만든 데에는 애릭스 임원들이 회사를 처음 만들었을 때의 배경과 관련이 있다고 했다.

"문제가 많은 불합리한 회사가 아닌 정말 좋은 회사를 만들자!"

애릭스의 오너들은 본래 건강식품으로 유명한 다른 미국 회사의 임원들이었다. CEO가 바뀌면서 생겨나는 불합리를 눈으로 목격한 이들은 회사를 떠나기로 마음먹었고 자신들의 힘으로 건강한 회사를 만들자고 의기투합했다. 애릭스는 그렇게 시작됐고 지금도 자신들의 도덕성을 지키기 위해 여러 가지로 노력하고 있다는 설명도 들었다.

도덕성과 관련해 애릭스에는 자랑할 만큼 특이한 점이 있었다. 바로 '파운더스 클럽'이라는 제도였다. 아시아든 미국이든 전 세계의 리더들을 모아서 회사의 정책을 결정할 때 의견을 묻는 제도인데, 어떤 정책에 대해 회사가 일방적으로 결정하지 않고 민주적으로 리더들의 의견을 반영하는 시스템이었다. 파운더스 클럽은 청렴한 회사를 만들려는 그들의 비전을 지키기 위해 그들이 얼마나 애쓰는지 보여주는 척도이기도 했다.

그런 제도를 처음 들은 나로서는 굉장히 신선한 충격을 받았다. 파운더스 클럽의 주 목적이 판매자들의 필요를 파악하는 것이기 때문이다. 그러나 이때는 설명을 들으면서도 사실 파운더스 클럽의 위력을 정확히 알지는 못했다. 이게 얼마나 고마운 제도인지는 애릭스에서 비즈니스를 시작한 후에야 경험하게 되었다.

잠깐 그 이야기를 할까 한다. 애릭스 사업을 시작한 지 1년 남짓 되었을 때의 이야기다. 한 번은 회사에서 새로 바뀌는 정책과 관련해 한국 리더들의 의견을 물어왔다. 정책이 바뀔 때는 매번 파운더스 클럽을 통해 리더들의 생각을 묻곤 했다. 평소에도 두 달에 한 번 정도 모여 화상 통화로 회의를 진행하는 것이 우리의 관례였다.

"이 수당을 빼는 대신 다른 보상을 준비하려고 합니다. 이렇게 하면 시간이 지날수록 당신들이 받는 수당이 더 많아질 것입니다."

시간이 지날수록 받는 수당이 높아진다고 해도 한국 판매자들의 생각은 그들과 달랐다. 한국의 네트워크 마케팅 회사에 몇 번이나 당한 적이 있는 사람들은 현재의 수당을 빼앗기는 데 지쳐 있었고, 지금 받아야 할 수당이 뒤로 밀리는 것은 일종의 트라우마로 남아 있었던 것이다.

'나중에 그 돈이 어떻게 될지 누가 알아? 지금까지 당해온 일이 있는데.'

한국 판매자들의 마음에는 그런 생각이 훨씬 더 강하게 자리 잡고 있었다. 그들의 마음을 나는 충분히 이해하고 있었다.

"저희는 그렇게 하고 싶지 않습니다."

"그러면 판매자들이 손해를 볼 수도 있는데 괜찮으시겠어요?"

"네. 저희는 저희 생각이 옳다고 봅니다."

"알겠습니다. 그렇게 하겠습니다."

우리가 하는 말에 임원진들도 더 이상 자신들의 생각을 강요하지 않았다. 오히려 우리 의견을 존중해 주었다. 결국 정책은 아무것도 바뀌지 않았다. 회사가 일방적으로 결정을 내린 다음 의견을 묻는 척하며 통보하듯이 툭 던지는 것이 아니었다. 판매자들의 대답이 회사의 제안과 다를 때, 회사는 기꺼이 이쪽의 의견에 손을 들어주었던 것이다. 파운더스 클럽이 무늬만 그럴듯하게 내세워 놓은 것이 아니라는 것을 몸소 체험한 사례였다. 게다가 실행하겠다고 선언한 것을 바로 실행하는 회사의 도덕성에 더욱 감탄하게 되었다.

도덕성과 관련해 중요한 점이 한 가지 더 있는데, 파운더스 클럽의 미팅은 외부 프리랜서 통역가를 통해 진행된다. 어떤 경우에도 내부에서 일하는 사람이 통역을 하지 않도록 한다. 예를 들어 만약 한국 지사의 임직원이 통역할 경우, 통역하는 사람에게 유리한 내용으로 바꿔서 전하는 일이 생기지 않을까 염려하기 때문이라고 했다. 나중에 알게 된 사실이었는데 이 원칙은 다른 미팅이나 회의 때도 동일하게 적용되었다.

마크 윌슨Mark Wilson 회장이 한국을 방문했을 때도 마찬가지였다. 보통 네트워크 회사의 회장들은 판매자들과 직접 소통하는 일이 드물다고 한다. 현지 지사장들과 다 같이 이야기를 하거나 지사장을 통해 이야기를 전달받기만 하는 것을 선호한다는 것이다. 그러나 마크 윌슨 회장은 달랐다. 그와 이야기를 나누며 받은 가장 핵심적인 메시지는 바로 이것이었다.

"한국 지사장 이야기도 듣지만 정말 듣고 싶은 건 여러분의 이야기입니다. 우리 회사가 성장하기 위해서는 여러분이 없어서는 안 돼요. 여러분은 우리에게 정말 중요한 존재이고 감사한 존재입니다."

이후 내가 더욱 열심히 일했던 것은 굳이 말하지 않아도 추측이 될 것이다. 미국에 직접 가서 확인해 보길 참 잘했다고 여겨질 만큼 뿌듯한 일이었다. 게다가 마크 윌슨 회장은 미리 만들어놓은 자신의 한글 명함을 내게 주면서 궁금한 건 언제든 한글로 이메일을 보내면 통역을 통해 보겠다고 해서 다시 한 번 나에게 감동을 주었다.

경영진들이 지닌 확고한 철학과 도덕성 외에도 또 다른 장점이 있었다. 유지비용이 거의 필요하지 않다는 점이었다. 여기서 말하는 유지비용이란 판매에 따른 커미션(수당)을 받기 위해 매달 필수로 달성해야 하는 일정 매출을 정해놓은 것을 의미한다. 네트워크 회사 중에는 한 달에 500만 원의 매출을 기본으로 책임져야 하는 회사도 있었다.

그러나 애릭스의 경우 유지비용은 10만 원이 조금 넘는 금액이 전부였다. 최고직급자든 중간직급자든 상관없이 판매자 모두에게 유지비용이 적용되었지만, 다른 곳에 비해 워낙 소액이었기 때문에 부담이 한결 적었다. 미국 본사에서 처음 이 얘기를 들었을 때는 다행이라는 생각이 들면서도 내심 걱정이 되기도 했다.

　'이렇게 해서 매출은 제대로 나올 수 있을까? 팔리는 게 있어야 수당도 받을 수 있는 것 아닌가?'

　이런 의구심도 미팅을 하는 동안 사라졌다. 재무 담당 임원에게서 애릭스의 수입 분배에 대해 정확하게 설명을 들은 덕분이었다. 설명을 듣고 감탄하지 않을 수 없었다. 판매자들이 감당해야 할 유지비용이 낮아도 수입 분배는 딱 떨어지게끔 정리되어 있었다. 동시에 나는 분개를 느낄 수밖에 없었다. 기존의 네트워크 회사들이 얼마나 폭리를 취하고 있었는지 깨달았기 때문이다.

　낮은 유지비용으로 판매자들의 부담을 덜어주는 것만 해도 한숨 돌릴 일이었는데, '공유 보너스'라는 것까지 제공되었다. '공유 보너스'는 전 세계 매출이 특정 목표에 도달하면 N분의

1로 나누어 판매자들에게 수익을 나눠주는 시스템이었다. 옆에 있는 사람이 잘 하면 덕분에 나도 잘 되는 독특한 구조인 셈이다.

보통의 회사에서는 어떤 판매자가 매출을 크게 올리면 다른 판매원들이 그 사람을 시기하기 십상이었다. 하지만 애릭스에서는 잘되면 함께 수익이 올라가는 공유 보너스로 인해, 옆에 있는 판매자의 매출이 나보다 많다고 질투할 일이 없었다. 애릭스 임원들이 예전 직장에서의 부도덕함을 경험해 본 뒤였기 때문에, 오너보다는 직접 일하는 판매자들을 더 많이 생각하고 그들에게 무엇을 더 해줄 수 있을까 고민한 결과가 아닐까 싶다.

임원진과의 면담이 끝난 후 제품을 만드는 공장에 둘러보러 갔다. 그곳은 아무나 들어갈 수 있는 곳이 아니었다. 몇 단계를 거쳐 진공 상태가 되도록 옷을 껴입어야 했고, 그것조차도 예약이 가능한 소수의 사람들에게만 허용되었다.

네트워크 회사의 제품은 대다수가 품질이 좋다는 평을 듣지만 애릭스의 제품은 특히 더 확실하다고 했다. 까다롭기로 소문난 곳의 인증서를 거의 다 받아냈기 때문이다. FDA(미국 식품의

약품) 인증은 물론이고 HALAL(이슬람 할랄마크) 인증까지 받은 상태였다. '할랄'이란 '신이 허용한 것'이란 뜻으로 이걸 받기만 하면 그 제품력에 의심할 구석이 없다고 평가받는 까다로운 인증이다. 그 외에도 GMP(의약품 제조시설), NSF-WHO(국제위생안전), OTC(일반의약품) 등이 있었다.

제품이 좋다는 것을 증명이라도 하듯 애릭스 제품의 재구매율도 70~80퍼센트 정도로 매우 좋은 편인 듯했다. 다만 몇백 가지가 넘는 제품군을 자랑하는 회사에 비하면 제품 가짓수가 많은 편은 아니었다. 하지만 제품을 직접 먹어보거나 사용해 본 사람들의 피드백을 찾아보니 긍정적인 평가가 압도적으로 많았다.

알면 알수록 점점 '이 회사다!'라는 확신이 들었다. 회사의 크기, 공장의 크기, 제품의 질도 회사에 대한 신뢰를 단단하게 굳혀 주었다. 그러나 무엇보다도 가장 감동을 받았던 것은 오너들의 태도였다. 그들이 보여준 인간적인 모습은 함께 하는 동안 줄곧 내 마음을 부드럽게 만들었다. 정직하고 투명한 철학이 그들의 말과 몸짓에서 자연스럽게 배어나왔다. 사람의 진정성은 동서양 차이를 뛰어넘어 누구에게나 똑같이 느껴지는 듯했다.

미국에 체류했던 3박 4일간의 일정은 빡빡한 스케줄을 소화하느라 힘들었지만 고생이라고 할 수도 없을 만큼 만족도가 높았다. 나의 기준에 적합한 회사를 찾다 보니 미국까지 갈 만큼 숙고를 거듭했지만, 그동안 들인 정성과 노력이 전혀 아깝지 않았다. 인생의 후반을 올인해서 정말로 일하고 싶은 회사를 찾았기 때문이다.

이제 열정을 다해 일할 차례였다. 내가 평생 일할 곳을 찾았다는 기쁨에 한시라도 빨리 한국 땅에 발을 딛고 싶었다. 나는 흔들리지 않는 확신을 가지고 한국으로 돌아왔다. 설렘과 기대로 가득 찬 시작이 눈앞에 펼쳐지고 있었다.

자기 확신은
신념이 되고

한국에 돌아오자마자 나는 본격적으로 애릭스 사업에 뛰어들었다. 이때 나와 같이 일을 시작한 동료는 단 4명이었다. 이들은 내가 새로운 일을 시작한다는 사실 하나만 가지고 믿고 함께 움직여준 사람들이었다.

"최고직급자였잖아. 설마 4명으로 시작했겠어? 밑에서 일하던 사람들이 죄다 그대로 따라온 거 아니야?"

이렇게 생각했던 사람들도 있었다. 하지만 내 밑에 있는 하위 직급자라고 해서 무조건 나를 따라 이리저리 이동해야 한다는 건 내 스타일이 아니었다. 그렇게 머릿수에 따라 이동하면서 수수료를 챙기는 사람도 있다고 들었지만, 나는 제로(0)에서 다시 시작하기를 원했다.

　나와 함께 애럭스 사업을 처음부터 같이 시작한 이들은 아무 생각 없이 나를 따라온 게 아니었다. 그들은 내가 M사에서 최고직급자에 오른 후 7년간 나를 지켜본 사람들이었고 내가 어떤 사람인지 확실하게 알던 이들이었다.

　"얼마나 충분히 알아보셨을까. 당연히 나도 함께 해야겠다고 생각했죠."

　그들은 단지 '정은희'라는 사람에 대한 믿음으로 애럭스 사업에 합류했다고 말하곤 한다. 이들을 위해서라도 내가 먼저 성공에 대한 확신을 가져야 했다. 나는 다각도로 스스로에게 질문을 던졌다.

　"이 회사는 내 양심에 비추어 부끄러움이 없는가?"

　"내 인생 후반을 이 일에 헌신하고 열정을 쏟을 수 있는가?"

　"회사의 제품이 한국 정서와 트렌드에 맞는가?"

　대답은 모두 "예스!"였다. 어떤 일이든 열정적으로 헌신하려면 자신의 양심에서 비롯된 질문에 대답할 수 있어야 한다. 자기 확신은 신념이 되고 신념은 행동으로 드러나는데, 강한 신념이야말로 행동의 에너지가 된다고 나는 믿는다.

자기 확신도 신념도 없이 "이거 하면 금방 돈 벌어. 같이 하자."고 권하는 것은 어떤 면에서는 상대를 기만하는 일이다. 나부터 그렇게 확신이 없는데 누군가에게 이 일에 에너지를 쏟으라고 말할 수 있을까. 이런 상태에서는 아무리 회사가 좋다 해도 사업에 열심을 쏟아 붓기 힘들다. 그런 일이 일어나지 않도록 나는 '세 가지 확신'으로 스스로를 무장했다. 회사, 자신 그리고 제품에 대한 것이었다.

첫째는 회사에 대한 확신이다. 미국까지 가서 본사와 생산 공장을 직접 내 눈으로 보고 확인했던 경험은 확실한 믿음의 바탕이 되었다. 유타주에서 마크 윌슨 회장을 만났을 때에도 나는 이런 이야기를 했다.

"사람들이 회사에 얼마나 열심을 낼 수 있느냐 하는 것은 제품이 좋냐 나쁘냐의 문제만이 아니라고 생각해요. 판매자와 회사의 신뢰도 중요하죠. 일이라는 건 잘 될 때가 있고 안 될 때가 있는데, 일이 잘 될 때는 다들 좋은 얘기만 하고 분위기도 좋죠. 제품이 좋으니 더 좋을 거고요. 하지만 일이 잘 안 될 때가 문제예요. 그때 내가 이 회사에 있도록 지탱해 주는 건 신뢰라고 생각해요. 제품이 좋든 어떻든 내가 회사를 신뢰하고 있다면 힘든 시기를 같이 헤쳐나갈 수 있을 테니까요."

회사에 대한 확신은 사업을 하는 데 기둥과 같은 역할을 한다고 믿었다. 사업이 항상 잘 되면 좋겠지만 우리 인생은 늘 오르락내리락하기 마련이니까. 언제나 좋은 일만 생기는 것은 아니지 않은가. 그렇기에 내리막 상태일 때에도 회사를 향한 굳은 믿음이 있어야 잘 견딜 수 있을 것이다. 회사에 대해 이미 충분한 신뢰가 형성되어 있다면 어떤 상황이 닥쳐도 그만큼 오래 남아 있을 수 있기 때문이다. 미국에서 본사를 둘러보고 임원진을 만나면서 이 회사가 신뢰할 만한 곳이라는 것을 확실히 해둘 수 있었다.

둘째는 좋은 회사를 선택했다는 자신에 대한 신뢰, 즉 스스로를 향한 확신이었다. 나는 이번 일은 무조건 된다고 생각했다. 비현실적인 믿음이 아니라 현실에 바탕을 둔 믿음이었다. 두 눈으로 직접 보고 느낀 현실이라면 믿어야 하지 않겠는가. 내가 본 애릭스라는 회사와 나를 믿고 따라와 준 동료들이야말로 내게는 무엇보다 리얼한 현실이었다.

셋째, 제품에 대한 확신도 빼놓을 수 없다. 네트워크 사업은 기본적으로 제품을 써보고 좋았던 소비자가 다른 사람에게 구매하기를 권하는 입소문 마케팅을 기초로 하는 것이다. 소비자를 충분히 만족시킬 정도로 제품이 고품질이 아니라면 의미가 없다. 제품에 대한 확신은 내가 직접 먹어보고 써보고 나서 더욱 명확해졌다. 정말 좋은 제품인지 아닌지 알기 위해서는 스스로 체험해 보는 수밖에 없다. 내가 써보고 그 효과를 알아야 이 제품이 어디에 어떻게 좋은지, 무엇으로 만들어졌는지 자연스럽게 설명할 수 있기 때문이다. "이거 좋으니까 한번 써 보세요"라고 외워서 말할 수는 없다. 많은 판매자들이 다이어트 식품을 소개할 때 비포 앤 애프터before & after 사진을 찍는 것도 그런 이유가 아닐까 싶다.

네트워크 사업가는 팀 매출에 따라 수익을 가져가는 개인사업자다. 그래서 나와 함께 회사와 제품을 소개할 사업 파트너를 찾고 팀 구축을 하는 것이 필수다. 보험 세일즈와 마찬가지로 리쿠르팅을 통해 팀원이 될 사람을 찾아야 하는 것이다.

10년 이상 세일즈를 해온 내 경험에 따르면 팀원의 성과는 기대와 다르게 나오는 경우가 많았다. 좋은 매출을 낼 것이라 예상했던 사람이 부진한가 하면 기대도 하지 않았던 사람이 더 큰 성과를 내는 일도 발생했다. 왜 그럴까 관찰을 해본 결과 가장 큰 기준은 자기 확신이라는 생각을 하게 되었다. 회사와 스스로에 대한 확신, 제품에 대한 확신이 있는 사람과 그렇지 않은 사람의 차이는 성공 여부를 가름 짓는 결정적인 이유였다.

그런 점에서 네트워크 사업은 연애하는 모습과 일맥상통한다는 생각이 든다. 뜨뜻미지근하게 그저 시간을 보내기 위해 사람을 만나는 사람이 있는가 하면, 뜨겁게 때로는 따뜻하게 사랑할 줄 아는 사람이 있다.

나는 '이 사람이다!' 하는 확신이 생기면 진심으로 믿고 사랑해 왔다. 일을 할 때도 마찬가지였다. 내가 믿고 사랑한 만큼 일도 나에게 보상을 해주었다. 정성을 다해 찾은 회사였던 만큼 애릭스가 마지막 사랑인 것처럼 나는 시작할 때부터 모든 열정을 쏟아 부었다. 최선을 다한다는 말로는 부족할 정도였다고 생각한다.

가장 먼저 했던 일은 함께 일할 사람들의 리스트를 만드는 일이었다. 네트워크 사업의 성공 여부는 초반 리쿠르팅에 달려 있다 해도 과언이 아니다. 애릭스 사업을 시작한 첫날은 리스트 업을 완성하는 일에 몰두했다.

우선 리스트에 들어간 사람들을 a, b, c, d 네 그룹으로 나눴다. a그룹은 내가 권하면 어떤 회사인지 묻지도 않고 바로 사업을 시작할 사람들이었다. b그룹은 나를 신뢰하지만 회사에 대해서 스스로 알아본 후에 결정할 사람들이었다. c그룹은 내가 강조하고 거듭 권하면 사업을 시작할 사람들이었다. 마지막 d그룹은 네트워크 사업에 전혀 관심이 없는 사람들이었다.

자기 분야에서 실제 일하는 모습에 따라 A, B, C, D그룹으로 다시 나누기도 했다. A그룹은 현재 일을 하고 있고 월급도 잘 받는 사람들이었다. B그룹은 일을 하지만 자신이 생각하는 만큼의 수입을 올리지 못하는 사람들, C그룹은 일은 하고 싶은데 일이 없는 사람들이었다. D그룹은 일하고 있지 않지만 딱히 일하고 싶은 생각도 없는 사람들이었다.

보통 네트워크 사업을 하는 사람들은 D그룹의 사람들에게 많이 사업을 권한다고 한다. 시간을 자유롭게 쓸 수 있다는 이유로 시간적 여유가 많은 사람들을 리스트에 올리는 것이다. 그러다 보니 대상이 되는 사람들은 대개 전업주부들인 경우가 많다. 겉으로 봤을 때 시간은 충분히 있어 보이니 와서 일을 시작하면 좋지 않을까 생각하는 것이다. 그러나 이들은 더 중요한 한 가지를 못 보고 있었다. D그룹의 사람들에게는 일에 대한 개념이 부족한 경우가 많았다. 심지어 네트워크 사업에 대해 모르는 경우도 허다했다. 일을 하겠다고 하기는커녕 권하는 사람에게 부정적인 말을 늘어놓기도 했다.

"텔레비전에서 봤는데 그거 완전 사기던데? 너도 하지 마."

"인터넷에 보니까 망한 사람 많더라. 너도 조심해."

나의 경우엔 바뀌기 힘든 선입견을 지니고 있는 사람들보다는 열심히 일하고 있지만 소득이 적은 사람들에게 권하는 쪽을 택했다. 그편이 훨씬 성공 확률이 높았다. 이들은 자신의 노후까지도 생각하고 고민하는 사람들이 대부분이었다. 따라서 장기적인 전략을 세우고 멀리 내다봐야 하는 네트워크 사업을 하기에는 부족함이 없었다. 게다가 그들은 현재 소득이 적은 만큼 네트워크 사업을 권했을 때 당장 행동으로 옮길 가능성이 컸다.

실제 사람들에게 사업을 권했을 때 예상되는 반응과 일을 대하는 태도를 떠올리면 누가 A그룹, B그룹, C그룹, D그룹에 속할지 빠르게 판단할 수 있었다. 그룹별로 판매자 후보를 나눈 후에는 개별적인 분석에 들어갔다. 예를 들면 직업을 파악하는 것도 도움이 되었다. 보험이면 보험, 자영업이면 자영업 모두 각자 겪고 있는 어려움이나 상황이 있기 때문이다. 한창 마감일이 닥쳐 바쁜 보험 세일즈맨에게 "좋은 사업 아이템이 있는데" 따위의 말을 한다고 해서 통할 리 없기 때문이다.

이러다
세계 기록 나오겠는데요

효과적으로 일을 하기 위해서는 첫 3일을 잘 보내야 했다. 사업 첫날 리스트업 작업을 한 후 다음 단계로는 사업에 필요한 플랜을 짜고, 제품과 자기 비전에 관한 프레젠테이션을 준비했다. 나뿐만 아니라 함께 사업을 시작한 팀원들도 모두 나처럼 움직였다. 앞으로 어떻게 일을 해나갈 것인지에 대해 플랜과 비전을 공유하는 일은 리더인 내가 해야 하는 중요한 일 중 하나였다.

초등학생 아이를 키우는 학부모에게 고민이 있을 때, 똑같은 초등학생 학부모의 조언은 의미가 없다. 그들은 모두 같은 시행착오를 겪고 있기 때문이다. 그러나 이미 초등학교를 졸업하고 중학생이 된 아이의 엄마라면 이야기가 다르다. 이미 겪은 일이기 때문에 좀 더 간단명료하게 영양가 있는 조언을 해줄 수 있다. 아이를 대학교까지 보낸 학부모라면 초등학교, 중학교, 고등학교에서 겪을 수 있는 일에 대해 모두 자세히 알고 있을 것이다. 세일즈 리더도 이와 같다. 모든 과정에 조언할 수 있는 경험과 안목이 있으면 좋을 것이다. 리더는 팀원들이 겪는 시행착오에 대해 함께 고민하고 솔루션을 만들어갈 수 있는 사람이어야 한다.

사실 애릭스에서 일을 시작하는 것이 마냥 순탄한 것만은 아니었다. 암웨이, 뉴스킨, 허벌라이프 같은 회사들은 한국에 정착한 지 오래되었기 때문에 시스템도 갖춰져 있고 브랜드 파워도 있었지만, 애릭스는 시작한 지 몇 년 안 된 회사였기 때문에 우리는 팀 빌딩과 함께 교육 시스템도 만들어가야 했다. 그렇지만 《비즈니스 포 홈》이 2016년 발표한 8만여 개 네트워크 회사의 판매자 수익률을 보면 국내 매출 1위 업체인 A사는 -7.37퍼센트, 나의 전 직장이었던 M사는 -5.41퍼센트였다. 애릭스는 34.82퍼센트로 국내 런칭된 회사 중에서는 단연 1위였고, 그 수치는 그만큼 비즈니스 타이밍이 좋다는 것을 의미했다. 우리에게는 최고의 동기부여였다.

리스트업을 하고 사업설명회를 위한 비전을 세운 후 최종 단계로 우리는 끊임없이 사람들을 만났다. 내가 전 직장을 퇴사하고 애릭스에 합류할 때까지의 과정을 함께했던 팀원들의 경우에는 이미 '준비된 세일즈맨'이었다. 주변 사람들이 '저들이 어디로 옮겨 일을 시작할 것인가'를 주목하고 있는 경우도 있었다. 애릭스에 합류하기 전 어떤 회사인지 알아볼 때부터 다이어트 제품 라인에 관심이 있었기 때문에 소비자 타깃팅도 이미 확실하게 정해둔 팀원도 있었다.

하루 이틀이 지나고 서서히 결과가 눈으로 보이기 시작했다. 우리 팀의 4명은 10명이 되고 어느새 20명이 되더니 또 30명이 되었다. 그리고 잠깐 사이에 30명은 60명으로 늘어났다. 3일이 지나자 일은 예상치 못했던 방향으로 흐르고 있었다. 초반부터 나와 함께 움직이고 있던 팀원들은 하루 3시간밖에 잠을 안 자며 일하고 있었다.

애릭스는 미국이 본사라서 월 단위가 아닌 주 단위로 매출을 집계하고 그에 따른 커미션을 주급으로 지급하는데, 나는 처음에 중간직급자인 시니어 오피서Senior Officer 정도를 목표로 했을 뿐이었다. 예나 지금이나 나는 무리한 목표를 잡고 달리는 스타일은 아니었다. 그런데 3일째 이미 시니어 오피서 매출은 훌쩍 뛰어넘은 상태였다. M사에서부터 함께 사업을 해왔던 동생 정은숙이 강한 목소리로 말했다.

"우리 체어퍼슨 도전하자. 무조건 하자. 까짓것 조금 더 하지 뭐. 이왕 하는 거 스타트 제대로 한번 끊어봅시다!"

체어퍼슨은 애럭스에서는 최고직급자였다. 나보다 먼저 시작한 한국의 한 사업자가 6개월 만에 체어퍼슨이 되었다는 이야기는 들었지만, 5일 만에 체어퍼슨을 할 수 있을지 예상하기란 쉬운 일이 아니었다. 결과는 뚜껑을 열어봐야 알 수 있지 않을까. 네트워크 사업은 나 혼자 잘 한다고 해서 되는 일이 아니었다. 한 사람 한 사람이 모이고 하루하루가 쌓여 성과를 내기 때문이다. 그런데 분위기는 시시각각 달라지고 있었고, 동생은 나보다 더 큰 확신을 갖고 있는 것 같았다. 사업설명회에 온 사람들의 반응이 굉장히 진지하다는 것을 나도 피부로 느끼고 있던 차였다.

"이건 평생 우리 일이에요. 이젠 이것밖에 없습니다."

내가 말하지 않아도 그들의 눈빛이 이렇게 말하고 있었다. 애릭스 본사에서도 은근히 놀라는 것 같더니 점점 독려하는 분위기가 되었다. 그들의 고무적인 반응은 우리에게 더욱 힘을 실어주었다. 어쩌면 세계 최단 기간 체어퍼슨 기록이 나올 수 있겠다는 기대감도 엿보였다.

사업설명회에 온 사람들이 회원 가입을 하고 사업에 합류하기로 결정하는 데에는 내가 '1번 판매자'라는 것도 큰 도움이 되었다. 원래 애릭스의 1번 판매자는 팀 세일즈Tim Sales라는 미국 사람이었다. 그 사람 밑으로 여러 나라의 판매자들이 그룹을 만들고 매출을 내는 구조였다. 회사의 매출은 곧 1번 판매자의 매출로 이어져 있었다.

좀 더 설명을 하자면 나라별로 애릭스 사업을 하는 각기 다른 그룹이 있다. 내가 시작한 우리 그룹은 제니스Zenith 그룹이라고 이름 붙였다. 내가 사업을 시작하기 전 한국에도 이미 두 개의 그룹이 있었다(물론 지금은 더 늘어났다). 하지만 그 그룹들의 대표가 모두 1번 판매자는 아니었다. 1번 판매자는 오직 세계에서 팀 세일즈와 나, 단 두 사람뿐이었다. 이것은 미국 본사에 직접 방문했을 때 내가 협상했던 결과이기도 했다. 아마도 새로이 화장품 브랜드의 런칭을 앞두고 '화장품 전문가'로 일해 왔던 사람이 필요했기 때문으로 판단된다. 내가 한 회사에서만 10년 동안 일했다는 것도 플러스 요인이었다. 결과적으로 '정은희'라는 사람의 영향력을 믿어준 셈이었다.

1번 판매자가 되어 새로운 그룹을 받는다는 건 쉬운 일이 아니었다. 본사에 요청한다고 해서 누구나 받을 수 있는 것도 아니다. 1번 판매자와 새 그룹이 많아지면 판매자 네트워크의 구조가 아래로 내려가지 않고 옆으로 퍼지기 때문이다. 특별한 일이었기 때문에 내가 1번 판매자라는 사실은 사람들이 사업을 결정하는 데 강력한 힘을 실어주고 있었다.

"왜 우리 밑으로 넣어주지 않고 새 그룹을 주는 거야?"

기존에 있던 한국 판매자들은 불만을 가질 수도 있을 법한 상황이었다. 나는 나를 믿고 제니스 그룹에 합류한 사람들을 위해서라도 더 열심히 달려야 했다. 4일째 되는 날이었다.

"이러다 세계 기록 나오겠는데요."

한국 본사 상무님과 지사장님이 하는 말을 듣고도 믿어지지 않았다. 일을 시작한 첫 주에 체어퍼슨이 된 사람은 지금껏 아무도 없었기 때문이다. 세계 최초로 첫 주에 체어퍼슨 달성 기록이 나올지도 모른다는 말은 팀원들에게도 큰 힘이 되었다. 사업 시작 5일째 되던 날, 나는 8,800만 원이 넘는 매출을 올리며 드디어 글로벌 회사 애릭스의 최고직급자인 체어퍼슨이 되었다. 세계 최단 기록이었다.

'5일'은
그냥 5일이 아니었다

"인생은 우리가 원하는 선물을 반드시 주지만, 우리가 원하는 시기에 원하는 형태로 주지 않는다"는 말이 있다. 애럭스에서 거둔 5일 동안의 성취는 나에게도 정말 놀라운 일이었지만, 어쩌면 그것은 M사를 퇴사한 뒤 8개월 정도의 시간 동안 보냈던 휴식이 가져다준 선물이었는지 모른다. 어쩌면 당시 나에게 정말 필요했던 것은 더 큰 성공이나 성과가 아니라 힐링이었던 것 같다. 쉬는 동안 내 안의 '나'와 마주하면서 나는 조금씩 생기를 찾고 있었다.

처음 두 달 동안은 정말 아무것도 하지 않았다. 분노, 절망,

억울함, 두려움 같은 감정이 지나가고 난 뒤에 한동안은 멍때리고 있었다는 표현이 딱 맞을 정도로 망연자실하게 있었다.

그런데 얼마 전 흥미로운 사실을 하나 발견했다. '스마트폰 프리(free)! 문화시민운동'의 일환으로 '멍때리기 대회'라는 것이 열렸다고 해서 흥미롭다고 생각했는데, 한 방송에서 뇌과학자 정재승 교수가 '창의적인 뇌 만들기'에 대한 이야기를 하면서 "창의성은 몰입이 아니라 멍때리기에서 나온다"고 한 것이다. 그는 "완전한 비목적적인 사고, 즉 멍때리는 상황에서 뇌의 창의적인 활동을 하는 부분이 활성화되는 유레카 모먼트Eureka moment가 일어난다"고 말했다. 역사적으로도 뉴턴이 사과나무 아래에서 멍때리고 있다가 툭 떨어지는 사과를 보고 만유인력의 법칙을 발견했다는 것이다.

멍때리기는 단순히 뇌를 쉬게 해준다는 것을 넘어 창의성 발휘와 집중력 상승에 효과가 있다고 하는데, 여기에는 과학적 근거까지 있다고 한다. 사람이 인지활동을 전혀 하고 있지 않을 때 작동하는 곳은 뇌의 내측전전두엽인데, 뇌를 기초값 모드로 전환하면 이곳이 활성화된다고 한다. 이곳은 장기기억능력을 향상시키고 뇌가 정상적으로 활동하여 자기판단을 하는

데 굉장히 중요한 역할을 하는 곳이라고 하니 가끔씩 무념무상의 시간을 갖는 것이 집중력과 창의력을 높이는 데는 좋다는 이야기다.

그 덕분이었는지 아무 생각 없이 두 달을 보낸 뒤부터 애릭스 사업을 시작하기 전까지 6개월 동안 나는 '앞으로 어떻게 살아갈 것인가'를 생각할 수 있었다. 그 어느 때보다 진지해질 수밖에 없었다. 내 나이는 어느덧 쉰, 50대를 맞이하고 있었고 눈 깜박할 사이에 또 한 번의 10년이 지나갈 것이었다. 아직 젊다는 생각도 들었지만 노후를 염두에 둬야 할 나이라는 사실도 틀림없었다. 단순히 경제적인 측면만을 고려한 노후는 아니었다. 50대를 어떻게 보내느냐에 따라 내 인생의 그림이 크게 달라질 수도 있기 때문이다.

인생의 전환점에서 우선적으로 생각했던 것은 '내가 하고 있는 일의 미래'였다. 그동안 몸담고 일해 왔던 '방문판매의 미래'를 그려보지 않을 수 없었다. 세상은 내가 처음 방문판매를 시작하던 10년 전과 너무 달라져 있었다. 10년 전은 스마트폰이 보편화되기는커녕 출시되기도 전의 세상이었다. 음악을 들으려면 MP3를, 길을 안내받으려면 내비게이션을 이용하는 게 당연했고 그것만으로도 세상 참 좋아졌다며 감탄하던 때였다.

내가 느끼는 가장 큰 위기감은 방문판매원의 소매 마진이 무너지고 있는 것이었다. 앞서 얘기한 대로 M사는 백화점, 대리점 등 어떤 유통 통로로도 제품을 내보내지 않고 오로지 방문판매원들을 통해서만 제품을 판매하는 것이 원칙이었다. 그런데 언제부터인가 고객들은 집으로 제품을 들고 방문한 판매원에게 스마트폰부터 집어들었다.

"여기 가격 보세요. 그 가격 아닌데? 왜 다른 거죠?"

사실을 확인할 길은 없지만, 어느 방문판매원이 자신의 소매 마진을 포기한 채 그저 실적만 올려 진급하고자 온라인에 할인된 제품을 올렸는지도 모른다. 고객이 내민 스마트폰 속의 자사 제품은 심지어 반값에 유통되기도 했다.

게다가 젊은 층들의 달라진 소비 태도는 방문판매원들에게 격세지감이었다. 1980~2000년에 태어난 '밀레니엄 세대'는 디지털과 함께 자랐다고 해도 과언이 아닐 만큼 온라인으로 소통하는 일에 익숙하다. 스마트폰과 SNS 속에서 형성한 커뮤니티를 통해 그 안에서 타인과 만나는 일을 더 편하게 느끼는 것 같았다. 그리고 자신이 원하는 것을 표현하고자 하는 욕구도 강했다. 싫고 좋음이 뚜렷했기에 싫은 것을 굳이 숨기는 경우도 거의 없었다.

그들이 사람을 직접 만나는 방문판매원을 좋아할 이유는 없었다. 어느 판매원은 이런 경험담을 털어놓았다.

아는 사람의 소개로 한 젊은 여성에게 연락을 했다. 전화를 하고 방문 스케줄을 잡을 생각이었다. 그러나 전화를 받은 그녀는 달갑지 않은 목소리로 이렇게 말했다고 한다.

"그냥 물건만 보내주세요. 따로 찾아오실 필요는 없어요."

"스킨케어 받아보시고 제품 설명도 같이 들으시면 더 좋을 거에요."

"아뇨. 그냥 제품만 보내주세요."

소비자 입장에서 보면 자신의 의사를 분명히 밝힌 것이지만, 이런 일이 익숙지 않았던 판매원은 당황스러웠다고 한다. 결국 직접 방문하는 스케줄은 잡을 수 없었다.

방문판매는 소비자와 판매자 사이에 형성된 관계를 통해 비즈니스를 이어간다는 특징을 지니고 있었다. 관계를 통해 신뢰감을 높이면 재구매로 이어지면서 지속적인 매출을 올릴 가능성으로 이어졌다. 그렇지만 요즘 젊은 세대와는 이런 관계가 형성되는 것이 원천적으로 어렵기 때문에 지속적인 매출로 이어질 가능성도 그만큼 미지수였다.

결국 방문판매 사업은 시대의 흐름에 따라 새로운 국면으로 접어들고 있다는 결론을 내릴 수 있었다. 더 이상 은퇴 후 연금을 받을 수 없다는 것이 문제가 아니었다. 더 급한 문제가 눈앞에 펼쳐져 있었기 때문이다. 그렇기에 더욱 새로운 일을 결정하는 데에 고심할 수밖에 없었다. 그것이 바로 내가 6개월 동안이나 신중하게 회사를 골랐던 이유다.

네트워크 회사를 고를 때는 공정거래위원회에 등록되어 있는지 확인하는 것은 기본이다. 그리고 나는 한국직접판매협회가 제공하는 자료들을 참고로 삼았다. 우리나라에서는 일단 무형의 상품을 네트워크로 파는 것은 불법이었다. 여행 상품을 팔거나 통신 회사가 네트워크 판매를 하고 있는 경우도 있었지만 고려 대상에 넣지 않았다. 문제가 생겼을 때 법적인 보호를 받을 수 없기 때문이다.

그리고 보상플랜을 자주 바꾸는 곳은 요주의 회사였다. 나와 함께 M사를 나왔던 어떤 분은 한 곳에 정착하지 못하고 어떤 회사에서 몇 개월 있다가 나오고 또 다른 회사에 들어갔다 또 나오기를 몇 번씩이나 반복하곤 했다. 개인적으로는 능력이 있는 사람인데 안타깝다는 생각이 들었다. 회사가 판매원에게 불리하도록 보상플랜을 바꿔버린다든지, 상위 직급자나 경영진의 도덕성에 문제가 있어서 실망하는 일이 있다면 능력을 집중할 기회를 얻지 못하고 무너져버릴 것이 뻔했다. 어쩌면 그는 회사를 고르는 자신만의 뚜렷한 기준이 없어서 정착하지 못한 건 아니었을까.

내가 까다롭게 회사를 고르는 동안 나에게 "함께 일해보자"고 했다가 거절당한 사람들이 꽤 있다. 그들을 비롯해 주변의 많은 사람들이 '도대체 저 사람이 뭘 저렇게 기다리고 있는 건가' 궁금했던 모양이다. 그렇지만 나는 신중하고 싶었다. 혹자는 국내 네트워크 회사의 90퍼센트는 내가 정한 조건을 충족하지 못할 것이라는 말까지 할 정도였으니 성급하게 회사를 정하고 싶지는 않았다.

애릭스는 그렇게 고르고 또 골라 선택한 회사였기 때문에 나와 팀원들은 견고한 자기확신으로 무장한 채 5일 동안 놀라운 집중력을 발휘할 수 있었던 것이다. 5일 만의 성과였지만 그전에 6개월 동안 각고의 준비 작업을 거치는 동안 물밑작업이 된 셈이었다. 사실은 6개월 플러스(+) 5일이라고 말해도 과언은 아니었다.

3장

누가
함께하고 있는가

모르는 것이
참 많은 대표님

내가 이끄는 애릭스의 제니스 그룹에는 나와 함께 고생하며 더 나은 내일을 꿈꾸는 사업자들이 오늘도 열심히 일하고 있다. 3장에서는 제니스 그룹의 수장인 나를 "대표님"이라고 부르는 그들 중 중간직급에 있는 사람들을 몇 명 소개하려고 한다. 그들의 다양한 개성을 보면서 많은 사람들이 자기 스타일에 맞는 롤모델을 찾아볼 수 있지 않을까 하는 생각에서다.

그런데 그들을 소개하자니 과연 나는 그들에게 어떤 리더로 비춰지고 있을까 하는 궁금증이 일었다. 그래서 그들에게 나와 함께 일하기로 결정한 이유가 무엇인지 물어보았다.

"위기가 닥쳤을 때 좋은 영향력을 줄 수 있는 분이라고 판단했습니다."

구자광 CEO는 나를 리더로 선택한 이유를 그렇게 말했다.

"모든 사업이 그렇듯 네트워크 사업에도 위기가 올 때가 많습니다. 맑은 날이 있는가 하면 흐리고 비바람이 부는 날도 있기 마련이지요. 개인적인 이유로도 위기가 닥칩니다. '나 이거 하기 싫어, 지긋지긋해' 하는 마음도 들 수 있고요. 환경의 변화나 사회 시스템의 문제 등이 영향을 끼치기도 하지요. 그런데 내부적인 문제이든 외부적인 요소이든 '리더 정은희는 문제를 함께 해결해 주고 미래를 바라보도록 도와줄 사람'이라는 생각이 들었습니다."

많은 사람들이 '정은희'라는 이름을 보고 우리 그룹에 합류했다고 한다. 10년 동안 M사에서 쌓아올린 네임 밸류를 보고 찾아온 분들도 적지 않았다. 자랑하는 것 같아서 입에 올린 적은 없지만 네트워크 사업을 하는 사람들에게 '정은희'라는 이름을 말하면 대다수가 "아, 그분!"이라는 반응을 보인다고 했다.

내가 책을 쓴 저자라는 점도 신뢰를 갖게 한 요인 중 하나인 듯했다. 우리나라에서는 '저자'라는 말이 파워를 지닌다. 책을 썼다는 사실만으로 그 사람에 대한 신뢰도가 수직 상승한다. 그래서인지 나의 전작인『오늘도 나에게 박수를 보낸다』를 읽었다는 사람들이 많이 찾아왔다.

다른 네트워크 회사에서 일하다가 나를 찾아오는 사람들도 많았는데, 그 말은 곧 나 때문에 그 그룹의 리더는 팀원을 빼앗겼다는 뜻이었다. 리쿠르팅이 중요한 세계이기 때문에 사람을 빼앗기지 않기 위해서는 서로 치열해질 수밖에 없다.

그러나 나는 다른 사람을 우리 그룹으로 데려오기 위해 매달리지 않는다. 다른 회사에서 네트워크 사업을 하다가 찾아오는 분이 있으면 이렇게 말할 뿐이다.

"꼭 저랑 같이 안 하셔도 돼요. 그런데 여기 회사는 정말 좋거든요. 저보다 좋은 다른 리더를 찾아가셔도 되지만, 애릭스는 절대 놓치지 마세요."

그런데 오히려 그들에게는 이런 말이 더 신뢰감을 주는 모양이다. 몇 달 전 N사의 대구 지역에서 그룹 이동이 일어난 적이 있었다. N사에서 우리 그룹으로 옮겨온 사업자들은 나를 만나기 전에 이미 한국에서 잘 나간다 하는 리더들을 거의 다 만

나본 상태라고 했다. 그들도 새로운 사업을 시작하기 위해 많은 것을 알아보고 다닌 것이다.

그들이 나를 찾아왔을 때 나는 최대한 말을 아꼈다. 할 필요가 없다고 판단했기 때문에 굳이 입 밖으로 말을 꺼낼 이유도 없었다. 확신 있고 강한 말로 자신들을 설득해 주기를 바랐는지도 모르겠지만, 나는 굳이 나를 어필하려고 들지 않았다.

네트워크 사업을 하다 보면 다른 리더를 깎아내린다든가, 자신과 일하면 얼마를 번다든가 하는 방식으로 자신을 드러내는 리더들이 있다. 심지어 통장부터 꺼내 보여주는 사업설명회도 있다고 한다. 그러나 나는 전 직장을 떠나게 된 경위와 애릭스를 선택한 이유에 대해 '마이 스토리My Story'를 이야기한다. 사업을 함께 할 마음이 없는 사람은 "같이 하겠다"는 말을 하고도 일주일 만에 뒤집기도 한다. 강요로 사람을 얻을 수는 없는 법이다.

어떤 분은 나를 '때가 묻지 않은 리더'라고 말해주었다. M사에서 최고직급자에 있었으면서도 팀을 이끌고 다른 회사에 들어갔다 나왔다 하지 않는다든가, 자신의 위치를 이용해 다른 회사로 옮기면서 뒷거래로 어떤 큰 것을 회사에 요구한다든가

하는 약삭빠른 모습이 전혀 없다는 것이다. 심지어 네트워크 사업을 이제 시작한 터라 모르는 것이 생기면 숨김없이 드러내고 물어보는 것도 인상적이라고 했다.

"본인이 모르는 것이 있어도 아는 척하지 않는 모습이 좋아 보여요. 솔직하고 투명하게 다가오거든요. 공부는 누구보다 열심히 하시는 분이니 믿음이 갑니다."

나에 대한 팀원들의 평가는 기분 좋은 말이었지만 혹시라도 내 행동에 오해가 살 부분은 없는지 스스로를 돌아보았다. 애릭스를 선택할 때도 경영진의 도덕성을 기준으로 삼았지만, 세일즈 리더의 도덕성에 대해서는 나 자신부터 엄격하게 지키자는 것이 철칙이기 때문이다.

네트워크 사업 현장에는 리더가 움직이면 함께 일하던 사람들도 같이 움직이는 경향이 있다. 내게도 팀원들을 이끌고 찾아온 이들이 여러 명 있었지만 나는 신중하게 그들을 살펴보았다. 그들에겐 나를 리더로 선택할 권리가 있었지만, 나 또한 그들의 리더가 될지 말지 선택할 권리가 있기 때문이다.

때로는 내가 누구인지 잘 모르고 온 사람들도 있었다. 나의 신변에 대해 전혀 아는 것이 없었는데, 사업설명회장에서 나를 만난 후 우리 그룹에 들어온 어떤 분은 나중에야 내가 업계에서 유명한 사람이라는 것을 알고는 깜짝 놀랐다고 했다. 경로야 어떻든 이분들이 나를 선택했던 이유는 내게서 어떤 가치를 찾았기 때문일 것이다. 그 이유에 대해서는 이후로도 내게 줄곧 숙제로 남을 것 같다.

반면, 일하는 현장에서는 씁쓸한 기분이 들게 하는 리더에 관해 이야기가 들려오곤 한다.

네트워크 사업을 하는 판매자들 사이에선 어느 정도 알려진 이야기인데, 어떤 회사에서 리더 급으로 있는 판매자가 자신의 하위 그룹 중 한 라인을 친인척에게 준 일이 있었다. 그 자리는 밑에 있는 하위 직급자들 덕분에 꽤 커다란 매출이 발생하는 자리였다.

그런데 어느 정도 시간이 흐른 뒤 그는 친인척을 회원에서 탈퇴시킨 후 6개월 정도 시간이 흐르고 나서 다시 다른 팀에 넣었다. 이런 식으로 하위 직급자들이 땀 흘리며 성실하게 일한 대가로 만들어진 매출을 친인척의 몫으로 돌린 것이다.

친인척이라 해도 그가 사업자로서 판매를 위해 적극적으로 뛰어들어 일을 했다면야 정당한 보상이라고 생각하겠지만, 그

건 누가 봐도 뻔히 수가 보이는 편법이었다. 결국 이런 부당한 일이 들통 나서 그 리더와 하위 직급자들 사이에 크게 싸움이 일어났다.

이런 사례 하나만 봐도 회사의 도덕성 못지않게 리더의 도덕성이 중요하다고 생각한다. 특히 네트워크 회사에서는 도덕성을 갖춘 롤모델을 찾기가 쉽지 않다. 그래서 더더욱 자신의 상위 직급자가 어떤 사람인지 반드시 살펴봐야 한다. 왜냐하면 그가 하는 좋은 일, 나쁜 일이 모두 조직에 큰 영향을 주기 때문이다.

가족 중에 누군가 그 일을 꼭 하고 싶다고 말한다면 하지 못하도록 말릴 수는 없을 것이다. 그러나 이들도 똑같이 자신의 힘과 노력으로 일에 헌신한 결과로 그 자리에 올라가는 것이 맞다고 생각한다. 이 사업에 관심도 없는 아들이나 딸, 친척을 마음대로 명단에 넣어서 자리를 줬다 탈퇴시켰다 하면서 돈을 빼돌리는 짓은 비즈니스에 대한 기준도 원칙도 없는 파렴치한 행동일 뿐이다.

어리석게도 앞에서 말한 그 리더는 자신이 한 일이 들키지 않을 것이라고 생각했는지 일정 시간이 지난 후 또 같은 일을 반복했다고 한다. 그렇지만 세상에 영원한 비밀은 없는 법이다. 하위 직급자들은 자신의 바로 위에 어느 리더가 있는지 모를 수도 있지만, 상위 직급자는 자신의 아래 직급자로 누가 있는지 확인할 수 있다. 누군가가 나타났다 사라졌다 반복한다면 이상하다 생각할 수밖에 없다. 꼬리가 길면 언젠가는 반드시 잡히기 마련이다.

조금 다른 이야기이긴 하지만, M사에 있을 때 나 또한 같은 종류의 경험을 했다. 하루는 어떤 여성이 나를 찾아왔다. 그녀가 하는 말은 이랬다.

"제가 아는 중간직급자가 있는데 정은희 님이랑 일을 하고 싶어 해요. 그래서 그런데 이분을 정은희 님 하위 직급자로 넣어주실 수 없나요?"

"저를 괜찮은 리더라고 생각해서 와주신 건 감사합니다. 그런데 저에게도 단점이 있는 건 마찬가지예요. 지금 이 순간에도 제 팀원 중 누군가는 저를 별로라고 생각하며 팀을 떠나고 싶어할지도 몰라요. 오늘은 제가 아무 이야기도 듣지 않은 것으로 하겠습니다."

그렇게 커피 한 잔을 대접해 드리고 그녀를 돌려보냈다. 그런데 6개월 뒤 최고직급자인 다른 사람이 내게 느닷없이 연락을 해왔다. 그녀는 내가 팀원을 빼돌렸다며 소리부터 질렀다. 듣고만 있기에 하도 어이가 없어서 차분하게 말했다.

"저는 커피 한 잔 사준 죄밖에 없어요. 커피 값을 낸 것도 잘못인가요? 저와 함께 일하고 싶다는 그분 이름도 안 여쭤봤고 선입견이 생길까 봐 최고직급자가 누군지 성함도 안 물어봤어요. 전 관심도 갖지 않았습니다. 회사에 직접 전화하셔서 제 밑으로 등록한 사람이 있는지 확인하세요. 있으면 제가 옷 벗겠습니다."

그러자 그녀도 민망했는지 더 이상 아무 말도 하지 못했다. 속사정을 살펴보면 자신의 하위 직급자가 자신이 싫어서 다른 리더를 찾아가 팀원에 넣어 달라고 부탁을 한 것인데, 자신을 돌아보기는커녕 되레 내게 노발대발한 셈이었다. 내가 그 사람의 이름도 묻지 않은 상태로 끝냈으니 망정이지 만약 부탁을 들어줬더라면 사건은 쉽게 끝나지 않았을 것이다.

현재 내 옆에서 나를 든든하게 서포트해 주는 한 시니어 오피서(애릭스 중간직급자)는 나의 투명함이 나를 더 돋보이게 만들어 준다는 말을 해주었다. 조금이라도 더 돈을 벌려고 철새처럼 옮겨다니는 사람들 틈에서 겉과 속이 똑같은 리더, 처음과 끝이 같은 한결같은 리더로 보이기 때문이란다.

내가 어떻게 하면 좋은 리더가 될 수 있는지 고민하는 것처럼 사람들 또한 내가 어떤 사람인지, 무엇을 도와줄 수 있는지, 어느 정도의 영향력이 있는지 등을 많이 따져봤을 것이다. 꼼꼼하게 살펴보고 합리적으로 판단했을 것이다.

나를 선택해 준 분들, 내가 지키고자 했던 리더로서의 도덕성과 진정성을 알아봐 주는 분들에게 감사드린다. 그리고 자신의 판단에 따라 내가 아닌 다른 리더들을 선택한 분들께도 역시 박수를 보낸다.

나만의 강점을
어떻게 살릴 것인가

　앞서 말한 대로 애릭스 제니스 그룹에는 다양한 개성의 중간
직급자들이 그들의 존재감을 드러내며 멋지게 일하고 있다. 나
를 리더로 믿고 따른다고 해서 판매자들이 모두 나와 닮은 스
타일로 일하는 것은 아니다. 사람마다 잘 어울리는 옷이 따로
있는 것처럼 일하는 방식은 달라질 수 있다.

　그런데 내가 원래부터 이런 생각을 했던 건 아니다. 전 직장
에서 최고직급자 자리에 오른 뒤 신입사원 교육에서 강의를 할
때는 이렇게 이야기하곤 했다.

　"마흔 살의 평범한 주부였던 저도 했습니다. 당신도 할 수 있

습니다!"

그러다 시간이 흐르고 여러 신입사원들의 일하는 모습과 성과를 내는 순간을 지켜보면서부터 의문점이 생겼다. 똑같은 물건을 파는데 누구는 판매 실적 1위를 달성하고 누구는 평균판매량도 내지 못했다. 부족한 사람들을 독려하면서 처음에는 내가 실행해 보고 성과를 얻었던 매뉴얼을 적용하도록 도왔다. 그 매뉴얼에 대해서는 내가 오리지널이었기 때문에 자부심도 컸다. 하지만 어느 날부터인가는 똑같은 매뉴얼을 따라 해도 누군가는 성과를 내고 누군가는 성과를 내지 못하는 것을 보고 또 다시 의문을 품기 시작했다. 도대체 왜 이런 일이 생기는 걸까? 의문은 우연한 사건을 계기로 풀렸다.

언젠가 중간관리자 직급의 미국인 한 명이 우리나라를 방문한 적이 있었다. 나를 포함해 다른 사람들이 가장 많이 했던 질문은 오직 하나였다.

"언제 최고직급자가 되실 건가요?"

그분은 빙긋 웃으며 이렇게 대답했다.

"그건 신만이 아시죠."

그녀는 빨리 올라가는 것을 목표로 하기보다 자신의 속도에 맞춰 일을 즐기고 있었던 것이다. 타인의 성공을 부러워하거나 시기하지도 않았고 자신의 노력을 과소평가하지도 않았다. 자신만의 방식으로 여유롭게 자신의 목표를 향해 가는 그가 멋있게 보였다. 눈에 붙어 있던 껍질이 하나 떨어지면서 세상이 다시 보이는 것 같았다.

우리 그룹의 중간직급자들은 자신을 잘 아는 사람들이라고 생각한다. 그들에게 가장 잘 어울리는 사업 방식을 찾아서 자신이 추구하는 성공의 길로 달려가고 있으니까 말이다. 정은숙 시니어 오피서도 그런 사람 중 한 명이다. 그녀는 자신이 관심 있고 잘 할 수 있는 것들을 강점으로 살려서 사업을 진행하고 있다.

정은숙 시니어 오피서는 나와 같은 시기에 M사를 퇴사하고 새로운 회사를 찾는 작업부터 함께 해온 초창기 멤버다. 그녀는 M사에서 방문판매를 할 때부터 다이어트 제품에 관심이 많았기 때문에 새로운 회사를 찾을 때도 마찬가지로 다이어트 제품 라인이 있는지 염두에 두곤 했다. 애릭스에 합류하기 전부터 이미 다이어트 제품을 써보고 주변 사람들에게 추천하기도 했다. 사전 시장조사를 한 셈이었는데, 다이어트에 관심을 가지고 있는 주변 사람들과 자주 대화를 나누기도 했다.

"내가 다이어트 제품에 관련된 회사를 좀 알아봤거든. 미국에서 히트 친 제품인데, 요요현상 없이 다이어트를 할 수 있어. 혹시 관심 있어?"

"정말이야? 요요 없는 다이어트 제품이라고?"

"응. 나도 먹어봤는데 효과가 있더라. 그리고 다이어트 시작할 때 디톡스도 같이 하면 좋아."

"내가 먼저 먹어볼까? 직접 먹어보고 효과가 있으면 주변에도 이야기해 볼게. 주변에 살 뺄 사람 많아."

그녀는 M사를 퇴사한 후에 새로운 일을 시작할 거라고 주변 사람들에게 언질을 주기도 했다. 구체적으로 다이어트 상품을 중심으로 사업을 할 거라고 미리 말해두기도 했다. 예상 고객을 미리 섭외하고 다닌 셈이다. 이런 일련의 작업들은 새로운 회사를 결정하는 데도 상당한 영향을 미쳤다. 그녀는 오직 '다이어트'에 포커스를 맞추고 타깃팅을 했다. 산후조리를 하면서 체중관리를 하는 사람부터 시작해 평소 다이어트에 관심이 많은 사람들이라면 모두 찾아다녔다.

애릭스 사업을 시작한 후에도 그녀는 자신이 잘 알고 있는 다이어트 제품을 중심으로 일에 집중했다. 직접판매가 됐든 방문판매가 됐든 어쨌거나 제품이 좋으면 주변 사람에게 알리고 싶은 법이다. '주변에서도 써보고 좋으면 반복구매는 생긴다'라는 네트워크 마케팅의 원래 취지에 가장 근접한 행보를 보였다. 게다가 "회원 등록을 하면 할인가에 살 수 있어."라고 하면 지인들이 오히려 좋아해 주었기 때문에 "오히려 쉬웠다." 고 이야기했다.

그녀는 직접판매라는 다른 분야의 세일즈에 도전하면서 팀 빌딩으로 4명을 구축할 것인가, 10명을 구축할 것인가 머리 싸매고 피터지게 고민하는 대신 방문판매를 할 때와 마찬가지로 발로 뛰어서 고객들을 확보하는 방법으로 쉽게 접근을 한 셈이다.

"은숙 언니, 나는 사업에 관심 없어. 파는 건 자신 없어."

"일은 안 해도 돼. 그냥 이거 먹어봐. 진짜 살 빠진다니까?"

"진짜야? 사업하는 거 아니면 먹어볼래. 내가 먹어보고 살 빠지면 주변에 살 사람 많아. 그건 일도 아니야."

정은숙 시니어 오피서는 방문판매에서 쌓은 노하우가 있었기에 사람을 만나는 데에도 두려움이 없었다. 방문판매를 할 때는 혹시라도 일을 하라고 권할까 봐 그녀를 만나기를 꺼리던 사람들도 회원 할인가에 제품을 살 수 있다고 하면 마음을 열어주었다. 물론 본인의 세일즈 노하우가 큰 힘을 발휘하기도 했을 것이다.

"예전엔 늦게까지 일하느라 피곤해서 피부도 안 좋아지고 그랬어요. 화장품으로는 피부가 좋아지는 데 한계가 있어요. 먼저 몸이 건강해져야 하더라고요. 몸 안의 독소를 빼는 디톡스를 한 후 몰라보게 피부가 좋아졌어요. 독소가 빠지니까 자연스럽게 살도 빠지고 피부도 살아나더라고요. 주변에서 제 피부색이 밝아진 걸 먼저 알아보고 제품에 관심을 보이는 분도 많아요."

정은숙 시니어 오피서는 자신이 먼저 체험을 한 후에 사람들에게 권했다. 디톡스로 피곤함이 사라지자 "눈동자도 초롱초롱해져서 총기가 있어 보인다."는 소리까지 들려오기도 했다. 본인이 먼저 변화를 실감했기 때문인지 그녀가 제품을 설명하면 공감력도 컸다. 그러자 많은 분들이 소비자로 합류하는 것에 긍정적인 반응을 보였고, 제품 주문도 많을 수밖에 없었다. 하루는 회사 상무님이 이런 이야기를 했다.

"정은숙 씨는 왜 이렇게 주문을 많이 하세요?"

"제품이 있어야 팔죠. 제품을 보여주면서 얘기를 해야 팔릴 것 아니에요."

"다른 분들의 몇 배는 주문하길래 도대체 왜 그럴까 했죠. 정은숙 씨가 회원 등록도 많고 판매도 제일 많이 하는 것 같네요."

혹시라도 제품을 사재기하는 것은 아닌지 회사에서 의심을 품을 정도로 그녀의 판매금액이 높았던 것이다. 그러나 본인이 써보고 체험함으로써 막강해진 설득력은 재고를 소진하기에 충분했다. 자신이 할 줄 아는 것과 강점을 잘 살리며 높은 성과를 내고 있는 정은숙 시니어 오피서는 정말 멋진 사람이다.

더 멀리 뛰기 위해
잠시 움츠리다

내가 애릭스로 옮겼다는 사실이 여기저기 알려지면서 많은 사람들에게 네트워크 사업에 합류하겠다는 연락을 받았다. 2017년 1월부터 우리 그룹에 합류한 구자광 CEO도 그중 한 사람이다.

방위산업체를 다니면서 군복무를 했던 그는 군대를 제대한 후 그동안 모은 돈으로 사업을 시작했다. 첫 사업은 실패로 끝이 났고 남은 것은 빚뿐이었다. 빛나는 20대 시절을 내내 빚을 갚기 위해 돈을 벌어야 했다. 사실 그가 알고 싶었던 것은 얼마를 버느냐보다는 돈을 버는 시스템이었다. 그의 주된 관심사는 항상 경제적인 안정을 가져다주는 사업이었다. 다양한 일에 도전하던 구자광 CEO는 2013년 N사에서 네트워크 사업을 시작했다.

"네트워크 사업의 최고 직급자들이 누리는 경제적인 안정을 목격하고 신선한 충격을 받았어요. 나도 저렇게 되고 싶다고 생각했지요."

그가 목격한 최고직급자의 생활은 상상 이상이었다. 호기롭게 새로운 사업에 뛰어든 구자광 CEO는 어느 정도의 성과를 이루었지만 곧 회의감을 느꼈다. 자신이 몸담고 있는 회사가 사업을 확장하는 데 한계에 부딪쳤다는 생각이 들었다. 이미 포화 상태였던 것이다. 그는 누군가에게 "지금이 바로 이 비즈니스를 할 타이밍입니다!"라고 말할 자신이 생기지 않았다.

그가 부딪쳤던 상황은 무엇을 의미하는 것일까? 주식이나 부동산 투자를 생각해 보면 이해가 쉽다. 만약 삼성전자 주식을 50년 전에 샀다가 2017년 현재 팔았다면 그 사람은 수익을 얻었을까? 물론이다. 50년 전에는 주식 값이 저렴한데다 구매하려는 사람도 적었다. 회사의 잠재된 발전 가능성을 크게 본 사람은 수익을 실현할 수 있을 때까지 기다렸을 것이다. 세상을 보는 안목도 필요하지만 기다릴 수 있는 배짱과 용기도 필요하다. 그러나 지금은 이미 주식 값이 비쌀 대로 비싸졌고 사려는 사람들은 늘어났다. 누구나 알고 있을 정도로 네임 밸류name value가 있지만 가격은 오를 대로 올라서 투자하려고 해도 큰돈이 필요하고 높은 수익률을 보장하기 힘들다.

구자광 CEO가 처음 일하던 N사도 바로 현재의 삼성전자 주식과 같은 상태였다. 이름을 대면 많은 사람들이 알 정도로 인지도를 가지고 있는 회사였지만, 그가 목표로 하는 경제적인 안정과 멋진 삶은 멀어질 수밖에 없었다.

그런 상황 속에서 수익적인 측면뿐 아니라 다른 문제도 있었다. 그곳에서 그는 자신이 한 인간으로서가 아닌 비즈니스 도구로 전락한 느낌을 받았다고 했다. 쉴 새 없이 일하고 있으면서도 자괴감에 빠졌다. 너무 힘들어진 그는 잠시 휴식 기간을 갖기로 결심했다. 대구 신도시에 한우 구이 전문점을 오픈했다. 내가 처음 그를 만난 것은 그쯤이었다. 우리는 많은 이야기를 나누었다.

"우리나라 네트워크 마케팅 회사의 직접매출이 2016년 기준 연 5조 원이 넘습니다. 누구나 쉽게 먹는 라면의 2016년 연

매출이 2조 950억 원인 것을 감안하면 광고도 하지 않는 네트워크 마케팅의 매출 5조 원은 어마어마한 것이겠죠. 알아보니 지난 27년간 한국 네트워크 마케팅 역사에서 합법적으로 공정거래위원회에 가입한 회사 1,500여 개 중에 약 10퍼센트인 150여 개 회사가 살아남아 있더군요. 3년 이상 지속하는 회사가 아주 적어요. 제가 보는 관점에서는 네트워크 마케팅 회사가 3천억 원 이상 매출이 발생되면 안정 궤도에 들어갔다고 볼 수 있었어요. 메이저급 회사가 되는 것이죠. IT 기술의 발달 덕분에 거기까지 가는 속도는 단축되고 있는 것 같아요. 3년이면 되지 않을까요.

그중에서 애릭스는 제품, 보상플랜, 타이밍 세 가지가 모두 맞아떨어지네요. 저에게 최고의 기회가 될 것이라는 확신이 듭니다. 그리고 같이 일할 세일즈 리더로는 정은희 대표님밖에 없다는 생각입니다. N사를 잠시 쉬고 있었지만 네트워크 사업 자체를 그만두려고 했던 것은 아니예요. N사에서 강의하는 것도 즐거웠고요. 행사 기획 같은 활동을 하며 꿈을 향해 함께 뛰는 문화도 즐거웠습니다.”

네트워크 사업을 하면서 그간 힘들었던 점에 대해서도 그는 이야기를 꺼냈다.

"솔직히 말씀드리면 경제적인 부분에서 제가 생각하는 결과에 미치지 못했어요. 이제는 너무 많은 사람들이 N사의 판매자로 뛰어들고 있어서 소비자 확보조차 힘듭니다. 개인적으로 좀 힘들었던 일도 있었고요. 이런저런 상황을 냉정하게 살펴보는 시간이 필요했습니다."

"상위 직급자에게 상담을 요청하신 적은 있나요?"

"하긴 했는데 특별한 대안을 제시해 주진 못하더라고요. 이렇게 하면 되겠구나 싶은 힌트가 되진 못했습니다. 그저 '버티면 성공할 수 있다'는 식이었죠. 토할 만큼 일을 해도 돌아오는 보상이 적은 이유는 시스템이나 타이밍의 문제라는 것을 나중에야 깨달았습니다."

고민이 많았던 구자광 CEO는 휴식기를 보내는 동안에도 네트워크 사업을 한다면 어떤 회사에서 하는 게 좋을까 관심을 갖고 지켜보고 있었다고 한다. 마침 지인으로부터 "M사의 최고직급자 정은희가 애릭스로 회사를 옮겼다"는 소식을 들었고, 애릭스에 대해 알아보았더니 좋은 시스템을 갖춘 회사라는 판단이 섰다고 했다.

그는 바로 사업에 합류했다. 여전히 한우 구이 전문점을 운영하고 있지만 지금은 애릭스 사업에 좀 더 무게중심을 두고 있다. 깊이 고민한 만큼 열정적으로 일하는 구자광 CEO가 이끄는 팀은 유난히 젊은 사람들이 많아서인지 적극적이고 활기가 넘친다. 그들이 일하는 모습을 보면 힘 있는 합창곡을 듣고 있는 것 같은 기분이 든다. 자신만의 목소리를 내면서도 주변의 소리와 화음을 이룰 줄 아는 멋진 사업자들이다.

한 가지 꿈을 이루면
또 하나의 꿈도 가능하다

박경빈 시니어 오피서는 내가 쓴 책을 읽고 이미 나를 알고 있었다.

"책으로 정은희 대표님을 먼저 알게 되었는데 느낌이 남달랐어요. 막연하게나마 언젠가는 꼭 만나고 싶다는 생각도 했고요. 결혼한 여자로서의 삶, 일하는 여자로서의 삶, 이런 부분에서 많이 공감했던 것 같아요."

그녀는 삶이 힘들었던 시기에 나의 전작『오늘도 나에게 박수를 보낸다』를 만났다고 했다. 나의 힘들었던 시기와 성취까지의 과정을 보면서 마음의 위로를 얻었고, 막연하게나마 '나도 누군가에게 힘을 줄 수 있는 사람이 되면 좋겠다'는 생각도 했단다.

대학원에서 미술학을 전공했던 그녀는 경제적으로 힘든 시기를 보낸 적이 있었다. 전공을 살리기에도 현실적인 여건이 따라주지 않았다. 경제적 문제를 타개하기 위해 부동산 쪽에서도 일해봤지만 그곳도 지나친 과열 경쟁 속에 있었다. 자영업의 슬픈 현실도 체감했다. 그러다가 우연히 네트워크 사업을 알게 되었고, 그녀는 네트워크 사업에서 가능성을 보았다. 잘 정착한다면 자신의 노후까지도 책임져줄 수 있을 것이라고 생각했다.

"아무리 건강하고 좋은 회사라도 시장이 이미 포화 상태라서 판매 마진을 보장할 수 없는 타이밍이라면 사업적으로 성공할 가능성은 없잖아요. 회사가 너무 안정화됐을 때는 직구(해외 직접 구매)가 뚫린다거나 하는 식으로 유통에 변화가 올 수 있어요."

박경빈 시니어 오피서는 N사에서 처음 네트워크 사업을 시작했지만 회사를 옮겨야겠다고 결심한 이유를 이렇게 설명했다. 한계를 느끼면서도 그녀는 네트워크 사업의 가능성을 믿고 계속할 마음을 가지고 있었다. 그리고 애릭스에 합류한 배경에 대해서는 이렇게 말했다.

"건강한 회사를 고르는 것은 저에겐 기본적인 것이었어요. 게다가 애릭스가 저에게는 타이밍이 맞다는 생각을 했어요. 이 곳에서 사업을 시작해야겠는데 어느 리더와 일할 것인가를 고르는 것도 참 중요했어요. 그런데 정은희 대표님이 방문판매에서 직접판매로 옮겨와서 비즈니스를 하고 계시더라고요. 책을 보면서 '저 사람처럼 사는 것도 근사하겠다' 생각했던 그 느낌보다 실제로 만나보니까 더 좋았죠. 이분과 함께 하는 비즈니스는 정말 설레겠다, 그런 생각을 했어요. 애릭스는 비즈니스 타이밍에 보상플랜에 정은희 대표님까지 삼박자가 딱 맞았어요."

모든 조건이 적절했던 것만큼 박경빈 시니어 오피서는 최선을 다해 사업에 집중했다. '비니비니'라는 이름으로 네이버 블로그 활동도 활발히 하고 있다. 그녀가 네트워크 사업에 기대를 품고 있는 이유는 또 있다. 여기서 성공하는 것만이 그녀가 바라는 것의 전부는 아니기 때문이다. 우리 그룹에서는 "딱 3년만 고생하자."라는 말을 자주 한다. 한 분야에서 성공하려면 1만 시간 이상을 투자해야 한다는 '1만 시간의 법칙'에 따라

3년만 몰입해서 집중하면 성공 궤도에 오를 수 있다는 계산 때문이다. 이후에 그녀는 원래의 전공을 살려 미술 경매사가 되고 싶다고 한다. 그리고 네트워크 사업이 커져가는 만큼 멀지 않은 미래에 네트워크 사업 전문가들을 키워내는 분야가 생길 것이라며, 그들을 돕는 강사가 되고 싶다고 한다. 이미 박경빈 시니어 오피서는 사업을 새로 시작하는 신입 판매자들에게 많은 도움을 주고 있다.

그녀가 후배들에게 늘 강조해서 말하는 것이 한 가지 있다.

"내가 곧 사업이라는 걸 잊지 마세요. 사람들은 나를 통해서 애릭스라는 회사를 바라보고, 나를 통해서 내가 하는 일의 사업성을 바라봅니다. 자신에 대한 점검을 게을리하지 마세요."

박경빈 시니어 오피서는 매일 밤 잠들기 전 사람들 앞에 당당하게 서서 강연하는 자신의 모습을 그려본다고 한다. 최대한 생생하고 구체적으로 말이다. 자신을 다듬어가기 위해 매일 자투리 시간을 활용해 꾸준히 책을 읽고 있는 그녀는 애릭스 제니스 그룹의 자랑스러운 실천가다.

부업으로 할 것인가,
올인할 것인가

　네트워크 사업자들을 살펴보면 이 일에만 전념해서 올인하
는 판매자가 있는가 하면, 다른 일과 겸업하는 판매자도 있다.
김현진 오피서는 겸업을 하는 사업가 중 한 사람이다. 그를 처
음 알게 된 것은 M사에 있을 때였다. 당시 그는 보험 세일즈맨
이었는데, 화장품 세일즈는 부업으로 시작한 것이었다.

　김현진 오피서가 M사를 알게 된 것은 그의 누나를 통해서
였다. 그가 보험 세일즈에서 성과를 내는 것을 보고 하루는 누
나가 "화장품 세일즈를 해보는 건 어떠니?" 하고 제안을 했다.
방문판매 자체를 업으로 삼으려고 일을 시작했다기보다 자

신의 보험 고객에게 선물로 줄 수 있는 물건으로 적당하겠다 싶어 관심을 보였던 것이 시작이었다. 겸업을 하면서 그는 주변에 좋은 화장품을 찾는 사람들에게 제품을 권하기 시작했다.

3년여 정도 열심히 일하던 김현진 오피서는 M사의 화장품 세일즈를 그만두기로 했다. 요즘이야 전직 개그맨 김기수 같은 사람이 뷰티 크리에이터로 등장해서 '여자보다 화장 잘하는 남자'로 유튜브에서 활동하고 있는 경우도 있다. 그렇지만 당시만 해도 남성이 화장품을 다룬다는 데 많은 제약이 있었다. 스킨케어 마사지를 서비스로 제공한다든지, 메이크업 어드바이스를 한다든지, 매출로 이어지는 다양한 판매기법을 활용하기에 버거운 점이 많았다고 한다. 본인이 괜찮다 하더라도 고객이 어색해하면 별 수 없는 일 아닌가.

그가 언젠가 내 첫인상에 대해 이야기하는 것을 들은 적이 있다.

"정은희 대표님을 처음 봤을 때는 솔직히 카리스마 있는 사람이라고 생각하진 않았습니다. 키도 조그마하시고 눈에 띄게 인상적으로 아름다운 미인인 건 아니었어요. 그런데 일하는 모습을 지켜보면서부터는 자신감이나 추진력이 남보다 워낙 뛰어나 보였고 아름다워 보였습니다."

애릭스 미국 본사로 경영진을 만나러 떠나기 전 그에게 연락을 했다.

"정은희 대표님이 하신다고 해서 그냥 바로 합류했죠. 다른 이유가 필요한가요. 게다가 나이가 들면서 건강식품에 관심이 생겼거든요. 젊었을 때는 감기약도 안 먹는다지만 40대에 들어서면 누구나 건강에 신경 쓰잖아요."

그는 나에게 전적인 신뢰를 보이며 애릭스 사업에 합류했지만 한국의 네트워크 사업에 대해서는 조금 회의적인 시각을 가지고 있었다.

"한국의 네트워크 사업은 항상 위기예요. 내가 나가서 파는게 아니라 내 밑에 팀원을 꾸려야 되잖아요. 그 달의 소득을 예측하기가 힘들죠. 우리나라에서는 네트워크 마케팅을 많이 변형시켜요. 소비자로 등록되어 있는 사람은 마진을 못 가져가요. 그리고 몇백만 원어치를 사야 판매자(사업자)가 될 수 있죠. 방문판매법 등에 관한 법률을 보면 한국에서는 회사가 매출의 35퍼센트가 넘는 수당을 주면 위법이에요. 미국에서 50퍼센트까지 수당을 주는 것에 비하면 이해가 안 가는 거죠."

이런 현실에서라면 방문판매든 직접판매든 본업으로 올인할 수 없다는 것이 그의 견해였다.

"저는 이걸로 정은희 대표님만큼 크게 성공하겠다는 생각은 없어요. 본업으로 하면서 불규칙한 소득에 불안해하는 대신 추가적인 소득을 가져간다, 좋은 제품을 저렴하게 쓸 수 있다, 이렇게 생각하면 장점이 많은 사업입니다."

김현진 오피서의 말대로 그는 보험 세일즈를 할 때부터 지금까지 겸업을 그만둔 적이 없었다. 어떤 때는 삼겹살 전문점을, 어떤 때는 일본식 선술집을 운영했고, 지금은 디저트 카페를 하고 있다.

"미국에서는 소비자로 활동하다가 소득이 많아지면 본업으로 삼는 방식이 가능해요. 그런데 한국에서는 돈을 벌려면 처음부터 여기에 뛰어들어야 하죠. 내 밑에 있는 팀원이 활동을 안 하고 있으면 판매 마진을 가져갈 수 없는 경우도 있으니까요. 판매 마진을 덜 주기 위해 회사가 계속해서 시스템을 바꾸는 경우가 많아요. 반면에 리더급이 되고 어느 정도 팀원이 늘어나면 다른 회사로 사람들을 우르르 몰고 가서 그에 따른 대가를 받으려고 하는 사람들도 있어요. 저는 한국에서 이 사업을 본업으로 하기에는 아직 한계가 있다고 생각해요."

소신 있게 비즈니스를 해나가면서 건강하고 좋은 회사가 더 많은 사람들에게 알려지기를 바라는 김현진 오피서 역시 제니스 그룹의 멋진 사업가다.

글로벌 비즈니스의
미래를 보다

　요즘은 세계 어디서든 검색만 하면 원하는 정보를 금방 찾을
수 있다. SNS의 정보 공유는 네트워크 사업에도 적용이 된다.
예를 들어 탄산수를 만들어주는 기능을 가진 정수기가 필요
하다고 생각해 보자. 어떤 회사의 제품이 좋은지 웹 서핑을
통해 찾을 것이다. 관련 제품 중에는 건강한 네트워크 회사의
좋은 제품이 있을 수도 있다. 검색을 계속해 보던 누군가는 이
런 생각을 할 수도 있다.

　"이 회사 제품 괜찮은데? 혹시 여기에서 일할 수 있을까?"

　실제로 이런 경우가 상당히 많다. 그래서인지 네트워크 사업

을 하는 판매자들도 블로그나 팟캐스트, 유튜브 등을 통해 홍보하는 일이 많이 늘어났다. 공간을 초월해서 사업을 벌이는 것이다.

직접판매Direct Sales라고도 부르는 네트워크 사업을 과거에는 내가 사는 국한된 한 나라에서만 할 수 있었다. 그러나 이제는 공간적인 제약이 점점 사라지고 있다. 이전 회사 퇴직 후 6개월이 넘는 시간 동안 내가 새로운 회사를 고르고 또 고른 이유 중 하나가 여기에도 있다. 어마무시한 중국 시장 진출을 현실로 만들어줄 회사가 있는지 찾고 있었던 것이다.

글로벌 비즈니스의 무한한 가능성을 막연히 슬로건으로 내걸고 마는 회사가 있는가 하면, 애릭스는 창업 초기부터 글로벌 비즈니스가 가능하도록 시스템을 구축해 놓은 회사였다. 세계 최초라는 수식어가 붙는 애릭스의 '원 서버' 시스템에 관한 이야기를 듣던 순간 나는 애릭스 경영진에 대해 감탄을 금치 못했던 기억이 난다. 그 덕분에 한 개 성省에서도 네트워크 사업 허가가 나기 힘들다는 중국에서 애릭스는 23개 성 모두 기준을 통과했다. 중국에 진출한 7개의 네트워크 회사 중 유일하다.

이제는 해외에 사업장을 내지 않아도 한국에 앉아 중국인이든 일본인이든 함께 사업할 수 있다. 예전에는 해외에 물건을 팔려면 직접 주문을 받고 외국에 가서 물건을 전달해야만 했다. 그러나 현재 애릭스는 중국 현지에 공장과 물류 시스템을 갖추고 있기 때문에 나의 판매 파트너로서 회원 등록을 한 현지인이 물건을 주문하고 결재하면 바로 지정된 곳으로 배송된다.

만약 일본에 있는 어떤 사람이 한국인의 SNS나 블로그에서 좋아 보이는 직접판매 제품을 발견했다고 하자. 자신도 이 회사의 제품을 구입하고 싶다면 어떻게 해야 할까? 답은 간단하다. 자신이 살고 있는 나라에 있는 협회나 그 회사의 현지 지사를 찾아가 회원 가입을 하면 된다. 판매자는 내 땅을 벗어나지 않은 상태에서 판매가 가능하고 소비자 역시 자신이 사는 곳에서 편하게 제품을 구매할 수 있다. 그리고 이 매출은 일본 협회가 아닌 실제로 등록을 권한 한국인 판매자의 매출로 올라간다. 이게 어떻게 가능하냐고? 애릭스 원 서버 시스템은 이게 가능하다. IT기술 발달의 힘이다.

판매자는 한국에 있고 소비자들은 외국에 거주해서 서로 한

번도 만나보지 못했다 하더라도 판매자와 소비자의 관계가 될 수 있는 세상이 된 것이다. 해외직구처럼 주문하고 언제 도착할지 몰라 하염없이 기다릴 염려도 없다. 만일 중국에 판매 파트너가 있다면 한국에 앉아 위안화를 버는 것도 충분히 가능하다.

2017년 7월 현재 애릭스는 중국에서 사전 영업 허락 기간을 지내면서 본격 시동을 준비하고 있다. 우리 제니스 그룹은 임경미 오피서와 함께 중국에도 판매 파트너를 두고 중국 현지인과 함께 사업을 하고 있다.

"저 성공할 수 있게 좀 도와주세요."

그녀를 처음 만난 날 그가 나를 붙들고 했던 말이다. 책을 읽고 이미 나를 알고 있었다는 임경미 오피서는 다른 네트워크 회사에서 4년을 일했던 유능한 사업가였다. 하지만 이 회사는 이미 2016년 연 매출 5,000억 원 이상을 올리는 회사로 성장한 상황이었고, 좋은 회사일지라도 자신에게는 고수익의 기회가 없음을 실감했다.

"처음에는 애릭스 시스템에 대한 설명을 듣고 있었어요. 그런데 그 이야기를 하다가 정은희 대표님이 이곳에 리더로 계시다고 하는 거예요. 그 말을 듣는 순간 애릭스를 선택하는 데 주저함이 없어졌어요."

그녀는 자신의 선택이 틀리지 않았다는 것을 보여주기라도 하듯 애릭스에 입사한 지 6개월 만에 전 직장에서 받던 월급의 4배 정도 되는 수익을 올리게 되었다. 애릭스는 월급이 아닌 주급으로 수익 배분을 하는데 기존 회사에서 받았던 월급이 지금 회사의 주급과 비슷한 금액이다.

4년이나 다닌 회사에서 애릭스로 옮겼는데 뭔가 부족함은 없는지 그녀에게 물어보았다.

"애릭스의 보상플랜은 특허가 3가지나 있더라고요. 상위 직급자에게 수당이 몰리는 것이 아니라서 일한 만큼 경제적으로도 돌아오는 게 있는 것 같아요. 이전 회사도 제품은 좋았지만 애릭스 제품은 무독성을 지향하잖아요. 제가 친환경 제품에 관심이 많아요. 게다가 글로벌 비즈니스가 현실로 펼쳐진다는 게 저의 특별한 관심사죠. 그전 회사도 글로벌, 글로벌 외치기는 했어요. 그런데 뭐가 글로벌인지 잘 모르겠더라고요. 말만 그렇게 하는 것 같은 좀 막연한 글로벌이었죠. 그런데 애릭스에서는 정말 글로벌 사업이 가능하더라고요."

임경미 오피서의 성장은 속도감에서도 단연 돋보인다. 그녀도 역시 하부 라인의 팀 빌딩을 구축하고 있는데, 6개월 동안 그녀가 구축한 조직은 이전 회사였다면 10년은 걸릴 법한 조직이라며 본인도 만족해하고 있다.

자기계발을 위해 팀원들과 함께하는 독서 미팅도 주기적으로 진행하고 있는 임경미 오피서는 제니스 그룹에 없어서는 안 될 향기로운 글로벌 리더다.

4장

자기만의
원칙이 필요하다

5가지 기준을
모두 만족하는 곳

2015년 공정거래위원회 발표에 따르면 대한민국의 네트워크 사업자(직접판매 종사자)는 800만 명 정도, 전체 네트워크 회사들의 총 매출은 5조 원이 넘는다. 대중들의 인식에 꽤 안 좋은 이미지가 새겨져 있는 걸 생각하면 상당한 수치다. 평균연령 90세 시대라고 하는데 20대부터 50대까지 고른 연령층에서 일자리를 점점 잃고 있거나 찾지 못하고 있는 현실을 생각하면, 진입 장벽이 낮은 네트워크 마케팅에 사람이 몰리는 것도 이해가 간다.

그러나 어느 네트워크 사업자가 블로그에 올린 글을 보면 밝은 미래와 비전만 있는 것이 아니라 어두운 그림자도 존재한다는 걸 알 수 있다(다음은 블로그 글을 요약한 것이다).

"로버트 기요사키의 『부자 아빠 가난한 아빠』를 읽었던 날 저는 잠을 이룰 수 없었습니다. 대기업에 다니고 있었고 나름 만족하며 생활하고 있었지만, 아이에게 문화·예술 쪽 지원과 투자를 아끼지 않아도 될 만큼의 경제력을 가지려면 직장생활로는 어림도 없다는 생각을 했죠.

저의 첫 네트워크 회사는 국내의 신생 회사였고, 당연히 공제조합에 등록된 합법적인 회사였습니다. 다른 많은 사람들처럼 첫 회사를 정할 때 저는 많은 것을 알아보지 않았습니다. 다른 회사와 비교해 보고 결정하기보다는 그 회사에서 얻은 정보들만으로 좁은 시야를 가지고 시작했지요. 좋은 회사들은 많지만 그중에서도 나의 성공을 빠르게 이루어주고 그것을 나의 팀원인 판매 파트너들에게도 끝까지 유지하며 가지고 갈 수 있는 회사는 몇 없음을 그때는 몰랐습니다.

저의 첫 회사가 네트워크 채널을 포기하고 방문판매업으로 돌리면서 저는 제가 노력했던 것들이 한순간에 무너지는 경험을 했습니다. 그제서야 저는 제대로 된 고민을 처음으로 해보았습니다. 신뢰를 잃은 경영진, 무너지는 가격, 좋게만 보이던 사업자들간의 불화, 수많은 오해와 편가르기……. 애써 외면하던 것들에 대해 똑바로 보기 시작했고 내가 우물 안 개구리였음을 인정했습니다. 가장 현명한 결정을 하기 위해 고민하고 또 고민했습니다. 네트워크 채널을 떠날 것인가, 다시 도전할 것인가. 결론은 '다시 한 번 제대로 해보자'였습니다. 국내에 런칭된 네트워크 회사들을 분석하고 사업설명회를 듣고 도서관에서 관련 서적을 읽고 또 읽었습니다.

그리고 불편한 진실들도 많이 알게 되었습니다. 전세계에서 수많은 성공자들을 배출하는 이 업계에서 왜 그렇게 수많은 피해자들이 속출하는지 그제서야 알았습니다. 제품이 좋아서 자가 소비를 하면 저절로 소득이 생겨야 하는데 그걸 받으려면 몇백만 원씩 매월 매출을 떠안아야 하고, 비전만 내세워 세뇌하면서 '유지'라는 명목으로 은근히 사재기를 강요하고, 그걸 못하면 '노력과 열정이 부족하다'는 잣대로 억누르고……. 어째서 회사와 사업자가 모두 윈윈하는 올바른 네트워크 마케팅이 될 순 없는 것일까."

내가 방문판매업체인 M사를 퇴사한 후 6개월이 넘게 네트워크 회사를 골랐다는 이야기를 듣고 혹자는 '뭘 그리 오랫동안 재고 따지고 골랐느냐' 생각하기도 한다. 물론 때로는, 내가 정한 모든 기준을 충족하는 회사가 존재하기는 하는 것일까 싶어 불안해하기도 했다. 현행법상 합법적인 업체인지는 당연히 찾아봐야 하는 것이었고, 혹시라도 나의 잘못된 선택으로 인해 나와 함께 일하는 사업자들이 피해를 입을 수도 있다는 점을 생각하면 좀 더 신중해야 했다. '어떤 회사를 선택할 것인가' 생각하며 내가 정한 기준은 모두 다섯 가지였다. 앞에서도 얘기했지만 여기서는 좀 더 자세히 이야기해 보겠다.

첫째는 '글로벌 시장' 진출이 가능한가 하는 점이었다. 글로벌 시장 진출을 목표로 한 회사는 세계 시장으로 뻗어나갈 준비를 하거나 이미 뛰어든 곳이다. 그 말은 곧 회사가 큰 시장에 뛰어들 수 있는 자본력을 가졌다는 것을 의미했다. 새로 둥지를 틀 회사가 글로벌 사업을 하는 곳이라면 해외에 지사를 세울 가능성이 높아지고, 그것은 해외 지사를 세울 때 우리 팀에게도 글로벌 비즈니스 기회가 생긴다는 것을 의미했다.

특히 그중에서도 나는 미국계 회사를 집중적으로 찾아봤다. 미국은 정통 네트워크 마케팅이 발달한 나라였기 때문에 보상플랜이나 전반적인 시스템이 잘 갖춰진 회사가 많았다. 판매자에 대한 기본적인 보상 등 회사 시스템이 체계화된 미국계 회사이면서 동시에 자본력을 갖춘 글로벌 회사라면 내 기준에 적합하다고 보았다.

둘째는 회사 오너들의 경영 철학이었다. 오너들이 지금까지 회사 정책을 어떤 식으로 개선해 왔는지, 회사에서 일하는 사람들과는 얼마나 잘 소통하는지 살펴볼 필요가 있었다. 오너들의 행동과 그 안에 숨겨진 마인드를 살펴보면 그들의 경영 철학에 대해서도 알 수 있을 것이다.

만약 오너들이 자신만의 이익을 생각하는 태도를 고수해 왔다는 조짐이 보이면 다른 조건이 괜찮아 보여도 그 회사에서 일할 생각을 일찌감치 접었다. 아무리 열심히 일해도, 오너들이 자신의 이익을 위해서 회사 규정을 바꿈으로써 판매자에게 돌아가야 할 보상을 말도 없이 가로채갈 수 있기 때문이다. 오너들의 경영 철학, 사업 방식, 판매자들을 대하는 태도에 대해 알고 있어야 위기 상황에서 이들이 어떤 태도를 취할지 예상할 수 있었다.

시장의 위기 상황에 대처한다는 명목으로 회사의 보상플랜을 동의 없이 은근슬쩍 바꾸는 것과 위기 상황에 대한 정보를 공유하고 해결책을 찾아보려고 노력하는 것은 엄연히 다르다. 그렇기에 오너들의 경영 철학을 파악하는 것은 회사를 선택하는 중요한 기준이 되었다.

셋째는 제품력이었다. 세일즈를 하기 위해서는 우선 제품이 좋아야 했다. 제품이 좋아야 판매자들도 자신감을 가지고 소개할 수 있기 때문이다. 제품의 질이 별로라는 걸 알면서도 단지 팔기 위해 사람들에게 거짓말을 할 수는 없다. 소비자들이 판매자들보다 더 많은 정보를 가질 수 있는 세상에서 한두 번 써보면 제품이 좋은지 아닌지는 금방 알기 마련이다. 요령껏 팔면 단기적인 이익을 챙길 수 있을지는 모르지만 나는 절대로 그런 짓은 하고 싶지 않았다.

게다가 제품의 질이 떨어지면 재구매가 계속 일어나는 선순환을 기대하기 어렵다. 화장품이나 샴푸와 같은 소모품은 제품이 좋으면 자연스럽게 재구매가 일어난다. 굳이 홍보를 더하거나 반복해서 권하지 않아도 소비자가 자신이 쓰던 제품이 떨어지면 알아서 구매하는 것이 가장 바람직한 상황이라 생각했다.

자발적으로 재구매가 일어나는 일이라면 매출을 올리는 데 큰 몫을 할 것이다. 방문판매든 직접판매든 재구매가 반드시 있어야 한다는 것이 나의 원칙이었다. 이런 것이 가능하려면 회사의 제품력은 선택이 아닌 필수 조건이었다.

넷째는 내게 얼마나 수익이 돌아오느냐 하는 것이었다. 모든 회사가 글로벌 회사를 지향하고 오너들의 경영 철학이 훌륭한 데다가 제품도 똑같이 좋다면, 내가 일한 것에 대한 보상이 클수록 좋은 회사인 것은 당연한 일이다. 그동안 알아본 바에 의하면 '열심히 노력하면 큰 수익을 가져갈 수 있다'는 것은 현실화되기가 생각보다 쉬운 일이 아니었다.

마지막 다섯째는 비즈니스 타이밍이었다. '지금 이 회사에 들어가면 한국 시장에서 얼마나 더 성장할 수 있는가?'를 비교해 보았다. 우리나라에는 이미 견고히 자리를 잡은 네트워크 회사가 많이 있었다. 독자 여러분도 알다시피 암웨이, 뉴스킨, 허벌라이프와 같은 회사들은 이미 브랜드 파워를 지니고 있다. 한국에서 단단히 자리 잡은 회사라면 그만큼 안정성이 있겠지만, 한국 시장에서 더 성장할 수 있느냐를 봤을 때 이미 한계점에 다다랐다고 판단되면 나에게는 고려 대상이 아니었다. 오를 대로 가격이 오른 주식이라면 나는 관심이 없다.

반면 한국에서 사업을 시작한 지 몇 년 안 된 회사라면 바로 지금이 그 사업에 뛰어들 타이밍이라고 생각했다. 회사를 크게 키우려면 힘은 들겠지만 그만큼 혜택도 많이 가져갈 수 있는 회사가 나의 고려 대상이었다.

인생의 후반을 올인하며 헌신할 회사를 선택하는 일이었기에 이 다섯 가지 기준을 원칙으로 삼고 한 가지도 양보하지 않겠다는 마음으로 철저하게 조사했다. 만약 이런 기준에 맞는 회사가 없으면 나는 어디에서 일해야 하나 하는 두려움도 있었지만 타협하고 싶지는 않았다.

네트워크 회사들이
욕 먹는 이유

　이번 4장에서는 네트워크 사업에서 비전을 보고 이 사업에 뛰어들려고 하거나 궁금해서 알아보고 있는 사람들을 위해 몇 가지 이야기를 더 해보려고 한다. 가뜩이나 부정적인 이미지가 대중들에게 선입견으로 박혀 있는데 책에서 이런 이야기를 하는 것이 괜찮을까 하는 생각이 들긴 했지만, 본인이 하려는 일에 대한 명암明暗을 모두 알고 위험을 피해갈 수 있다면 도움이 되겠다는 판단이 들었다.

　우선 알아야 할 것은 직접판매의 개념과 관련된 것이다. 미국에서 시작된 본래의 취지에 맞게 설명하면, 직접판매는 소비자가 제품이 맘에 들어서 유통 마진이 없는 가격으로 구매해서 쓰면서 입소문을 내는 것이다. 그 과정에서 내 소개를 받고 제품을 구매한 다른 사람의 매출에 대해 커미션(판매 수당)을 받는 개념이다. 그러나 한국에서는 소비자로서 회원 가입을 한 사람이라면 물건을 회원가로 할인해서 산다는 것에만 만족해야 한다. 커미션을 받고 싶다면 네트워크 사업자로 등록을 하고 판매자로서 적극 뛰어들어서 활동해야 한다. 그리고 초기에는 나와 함께 '판매자'로서 사업을 함께할 파트너를 구하는 리쿠르팅 활동을 통해 팀 구축을 해야 한다.

그 과정에서 실제로 네트워크 회사와 판매자들 사이에 발생하는 불미스러운 일들이 자주 들려오곤 한다. 당신이 만일 어느 회사를 알아보고 있는데 다음과 같은 일들이 벌어지고 있다고 의심된다면 다시 생각해 보기 바란다.

첫째, 제품의 품질과 가격에 관한 것이다. 네트워크 회사는 입소문을 기본 전략으로 하기 때문에 제품이 좋아야 한다. 실제로 네트워크 회사 제품들은 대체로 좋은 것들이 많다고 알려져 있다. 그런데 간혹 저가의 재료로 엉망인 제품을 만들어놓고 고품질이라고 속여 파는 경우도 있는가 보다.

"이거 정말 좋은 건강식품이에요. 이 사탕 하나에 영양이 다 들어 있다니까요."

아무것도 아닌 사탕을 그럴싸하게 포장해서 몇 배의 이문을 남기는 회사도 있었다고 한다. 아니면 그보다 좀 더 교묘한 방법으로 제품은 얼추 품질이 나오게 만들어놓고 가격을 고가로 매겨서 파는 경우도 꽤 있다. 20만 원이면 될 것을 200만 원에 파는 식이라면 다시 생각해 봐야 한다. 주로 국내 회사 중에 이런 사례가 많다는 것은 참 안타까운 일이다.

둘째, 처음 약속했던 보상플랜의 내용을 판매자에게 불리하게 바꾸는 경우다.

어떤 회사는 손익분기점을 넘기고 나면 보상플랜을 의도적으로 바꾼다는 이야기도 들린다. 판매자들을 이탈시키기 위해서란다. 그 이유는 판매 수당을 덜 주기 위해서다.

생각해 보시라. 월급을 300만 원 받기로 하고 입사했는데 갑자기 회사가 사정이 어려워졌다면서 일방적인 통보로 이번 달부터 월급은 150만 원으로 하기로 했다고 한다면 어떨까. 회사 매출이 100억 원에 이르면 연말에 보너스 수당으로 500만 원을 받기로 했는데, 매출이 100억 원을 돌파하자마자 올해부터 보너스 수당은 없어졌다는 이야기를 듣는다면 어떨까.

혹자는 나에게 한국에서 이런 경우는 비일비재해서 네트워크 회사 중에서 아마 90퍼센트 정도는 그럴 것이라는 이야기를 전하기도 했다. 회사는 판매자에게 보상을 덜 주기 위해 머리를 굴리고 판매자는 같은 노력이라면 최대한의 수익을 내기 위해 팀 구축에서 치열한 두뇌싸움을 한다는 것이다. 경영자의 도덕성이 무엇보다 중요할 수밖에 없는 이유가 여기에 있다. 그러니 내가 6개월이 넘게 회사를 고르고 또 고른 데에는 사실 지나침이 없는 것이다.

셋째, 판매자로서 유지해야 할 기본 판매 금액이 너무 지나친 경우다.

매월 판매자가 일정 금액 이상의 매출을 올려야 하는 규정을 두는 것은 세일즈맨으로서 나도 어느 정도는 이해한다. 사업에 속도감을 내기 위해서도 필요한 부분이라고 생각한다. 그러나 문제는 기본 금액을 상식적으로 너무 지나치게 책정해 놓은 곳들이 있다는 것이다. 심지어 매월 유지해야 하는 기본 매출액이 500만 원 이상인 곳도 있다. 이것은 매월 500만 원 이상의 매출을 올려야 판매수당을 받아갈 수 있다는 것을 의미한다.

이번 달에 600만 원의 매출을 올렸다면 100만 원에 대한 판매수당만 받을 수 있는 것이다. 만일 400만 원의 매출이 나왔다면 어떨까? 판매수당은 받지 못한다.

또 이런 경우도 있다. 회원 등록을 하고 휴면 상태인 판매자가 있으면 안 된다는 것까지는 납득하겠는데, 팀 구축을 할 때 바로 아래에 두 명만 판매자로서 회원 등록을 할 수 있게 제약을 두기도 한다. 그중 한 라인에서 500만 원 매출이 나왔고 또 한 라인에서는 50만 원 매출이 나왔다면, 이때 매출이 높은 쪽은 회사의 수익으로 가져가고 낮은 쪽 금액에 대해서만 판매자에게 수당으로 지급한다. 50만 원 매출에 대해서만 수당을 받을 수 있는 것이다.

넷째, 회사의 지속가능성에 문제가 있는 경우다.

어느 글로벌 회사는 아시아를 관할하는 관리자들이 문제를 일으키자 한국에서 철수해 버린 일도 있다. 6개월~1년 정도 사업을 했는데 그동안 믿고 따라가던 모든 사업자들이 한순간에 나앉은 셈이 됐다. 본사에서 한국 지사장을 해임시키고 다른 사람을 앉혀서라도 다시 시장을 확장해 나갔더라면 좋았겠지만, 그 회사는 철수를 선택했다.

또는 회사의 사업 형태에 변화가 생기는 경우도 있다. 회사가 없어진 건 아닌데 직접판매 형태를 방문판매로 바꾸면서 그간의 노력이 하루아침에 날아가버리는 경우가 그렇다.

지금까지의 이야기를 한 마디로 종합한다면 '도덕성' 문제라고 말할 수 있을 것 같다. 경영자의 도덕성에 문제가 없어야 제품으로 장난치지 않고 가격으로 장난치지 않고, 주겠다고 약속한 수당은 그대로 지급하는 회사가 될 것이다. 여기에 회사의 경영진들이 판매자와의 소통에 열려 있는 태도를 보여준다면 금상첨화일 것이다. 회사 운영 방침에 대해서나 달라진 환경에 대해서 경영진이 판매자들을 직접 만나 설명해 줄 수 있는 분위기라면, 혹시 문제가 생기더라도 대안을 찾아 해결해 나갈 수 있지 않을까.

나만의 페이스를
유지하라

　이러니저러니 말도 많고 탈도 많지만, 많은 사람들이 네트워크 사업에 뛰어든다. 그중에는 실패를 한번 경험했음에도 불구하고 심기일전해서 다시 도전하는 경우가 많다. 그것은 그만큼 네트워크 마케팅에 마성의 매력이 있다는 걸 의미한다. 그것을 짧게 풀어 말하면 '평범한 사람도 부흥를 만드는 시스템을 구축할 수 있다'는 것이다. 치열하게 살지만 실속 없는 삶을 살고 있다고 생각하는 사람이라면 고려해 볼 수 있는 직업이다.

　처음 하는 네트워크 사업이든 다른 회사에서 옮겨왔든 지금 일을 하고 있는 사람이라면, 회사를 선택할 때 기준을 세웠던 것처럼 일을 시작한 후에도 자기 기준이 있었으면 좋겠다. 언젠가 애릭스에서 현재 일하고 있는 중간직급자 한 사람이 이런 말을 한 적이 있다.

"정은희 대표님은 마라토너 옆에서 함께 뛰면서 속도를 조절해 주는 페이스메이커 같으세요. 제가 요청하면 언제든지 대구까지 내려와서 미팅을 주관해 주시죠. 사람들이 일보다 정은희 대표님에 대한 관심도가 높아요."

사실 사람마다 각자에게 맞는 성공 매뉴얼은 따로 있다는 생각이 든다. 내가 성공할 수 있었던 것은 나한테 맞는 성공 매뉴얼을 찾아 행동으로 옮겼기 때문이다. 나한테 맞는 방법을 찾기 위해 다른 사람들의 방식을 모방한 적도 있었지만 결국엔 점차 나만의 오리지널리티를 갖게 되었다.

M사에서 방문판매를 할 때는 나의 노하우를 아낌없이 주기 위해 후배 방문판매원에게 나의 매뉴얼을 그대로 따르도록 한 적도 있었다. 그중에는 민지(가명)라는 친구도 있었다. 민지는 지방 출신이었는데 자기 고장에서는 유명했다. 알아주는 사업체를 운영하던 아버지의 후광 덕분이기도 했지만 다방면으로 재주가 뛰어나서 학교에서도 자주 이름이 거론되었다. 어머니는

어릴 적부터 뭐든 잘 하는 민지를 위해 최선을 다했다.

민지는 어디를 가도 사랑을 듬뿍 받는 존재였다. 한 가지에만 집중하기에는 다양한 방면에 걸쳐 있는 재주가 아까웠다. 인터넷은 그런 민지의 욕구를 충족시켜 주는 공간이었다. 똑같은 물건도 민지의 손을 거치면 개성 넘치는 물건으로 재탄생했다. 그런 물건을 자주 사진을 찍어서 블로그에 올렸다. 또래 아이들에게 반응이 좋아서 부러움과 질시를 동시에 받았다.

"제가 좋아하는 연예인인데 저한테 이 캔버스 운동화 파시면 안 될까요?"

남색 운동화를 비즈로 장식하고, 헝겊과 페인팅을 이용해 자신이 좋아하는 연예인 이름을 새긴 신발은 20만 원에 판매되었다. 민지의 개성과 창의성을 칭찬하는 글도 많았지만 한편에서는 관심을 끌려고 별짓을 다한다는 악플도 끊이지 않았다.

유난히 핑크를 좋아했기에 핑크로 된 물건을 모으거나 자신의 방을 장식하는 걸 좋아했던 민지는 '핑크돼지'라는 악플에 충격을 받아서 다이어트를 시작했다. 뚱뚱하지도 않은 몸이었는데 무조건 굶었다. 이때부터 폭식과 굶기를 반복하는 생활이 이어졌다.

그러다가 공부에 더 집중하기를 원했던 어머니의 권유로 서울에 있는 외국어고등학교에 진학했다. 부모님과 떨어져 있는 탓에 민지의 생활은 질서를 잃어갔다. 다른 이유는 또 있었다. 지방에서는 어딜 가든 주목을 받던 민지였지만 서울에서는 자신보다 뛰어난 친구들로 넘쳐났다. 그들을 쫓아가기에 한계를 느꼈고, 공부만 파고들기에는 다른 데 관심이 너무 많았다. 어린 시절부터 받아오던 관심과 기대를 받지 못한다는 건 생각보다 괴로운 일이었다.

"저는 제가 최고인 줄 알았어요. 그런데 저보다 잘난 친구들을 보면서 좌절감을 느꼈어요. 난 별것 아니었구나 하는 생각이 들었죠. 열등감에 시달리지 않기 위해 온갖 애를 썼어요. 있는 그대로의 나 자신으로는 사랑받지 못할 것 같았어요."

주말에는 화려하게 차려입고 서울 곳곳을 누비고 다녔다. 자신의 삶이 무엇인가 잘못 되어가고 있다는 걸 느꼈지만 진짜 자신과 마주하는 일이 겁이 났다. 날이 갈수록 초조해졌다. 친구들과 말하는 것조차 싫어지면서 우울증이 생겼다. 밤에는 잠도 이루지 못했다. 스트레스 때문인지 폭식증이 도졌다. 아무리 먹어도 배가 고팠다. 채워지지 않는 허기는 흉폭한 짐승처럼 민지를 할퀴고 물어뜯고 망가뜨렸다.

병원 신세까지 진 후 민지는 다시 정신을 차렸다. 갈등 관계에 놓여 있던 부모님도 민지가 대학에 가야 지원을 해주겠다는 조건을 걸었다. 독하게 마음먹고 대입 시험 준비를 했다. 최대한 공부를 제대로 해서 재수를 하지 않고 단번에 가는 쪽을 선택했다. 그리고 무사히 대학을 졸업했다.

책을 통해 나와 만나게 된 민지는 방문판매를 시작하자마자 자신의 능력을 십분 발휘했다. 제품을 기가 막히게 잘 팔았다. 눈빛은 반짝반짝 빛이 났고, 얼굴은 발그레 항상 홍조를 띠었다. 비 온 뒤에 땅이 굳어진다는 말은 그녀를 두고 하는 말이었다.

"저도 정은희 님처럼 언젠가는 벤츠를 받고 말 거예요. 그리고 제 꿈은 여성이 제대로 일할 수 없는 나라에 가서 지점을 여는 거예요."

큰소리로 말하던 민지는 곧 화사하게 피어날 목련처럼 크고 환한 웃음을 띠고 있었다. 봄날, 이렇게 눈부신 아름다움이 있을까 하는 생각이 들 정도로 자신의 꿈을 얘기하는 모습은 그 어느 때보다 빛났다.

그러다 어느 날부터인지 미팅이나 회의 시간에 간당간당 맞춰오더니 지각하는 날이 잦아졌다. 하루는 눈이 퉁퉁 부어서 나타났길래 붙잡고 물어봤다.

"무슨 일 있었어요?"

"어제 페이스북에 올린 글 때문에 한바탕 난리가 났어요. 저를 예전부터 알고 있다면서 제가 올린 글이나 사진을 비난하더라고요. 하루 종일 그 일 때문에 기분도 안 좋고 속상해서 비공개로 글을 남겼는데 어떻게 된 일인지 그걸 알았더라고요. 왜 제 마음을 몰라주는지 모르겠어요."

눈물까지 뚝뚝 흘리며 억울하다고 말했다.

"저도 알아요. 남들 눈에 많이 띈다는 거. 그래도 지적당하는 건 싫어요. 그냥 둬도 아픈 곳을 왜 찌르냐고요."

　이후에도 가끔씩 민지의 이야기를 들어주었다. 이야기를 들을수록 왜 힘들어하는지 이해가 됐다. 민지는 정말로 재능 있는 사람이었지만, 그 재능을 오직 타인을 만족시키는 데 허비하고 있었던 것이다. 처음부터 그랬던 것은 아니었던 것 같다. 자신을 위해 무언가를 만들고 그것으로 행복함을 느끼던 때도 있었다. 그러나 열등감이 점점 커지면서 어느 순간 타인의 시선에 따라 울고 웃는 상황이 반복되었다. 심지어 자신이 어떻게 할지 결정해야 하는 순간에도 남 탓만 하고 있었다.

"삶이 내 손에서 빠져나가 버린 것 같아요. 통제가 안 돼요."

민지의 고통은 자신답게 살지 못한 것에서 비롯된 것이었다. 타인의 시선을 만족시키기 위해 그녀가 대가로 치러야 했던 것은 자기 자신이었다. 나도 그런 때가 있었다. 최고직급자가 되어 한창 성공에 취해 있을 때였다.

타인의 시선에서 자유롭지 못했던 시절의 나는 사실 찬밥에 고추장과 열무김치를 넣어 비벼먹는 것을 좋아하는데도 겉으로는 연어 스테이크를 좋아하는 것처럼 연출하기도 했다. 아무리 비싼 곳에서 식사를 해도 집에 돌아오면 허기가 지던 이유를 뒤늦게야 알았다. 진짜 자신이 가짜 자신에게 밀려 마음은 계속 배가 고픈 상태였던 것이다. 심리적 허기에 시달리는 동안에는 모든 것이 허무하게만 느껴졌다.

그런데 퇴사 후 나를 들여다보는 시간을 가진 후부터는 자신만의 스타일을 찾아 자기 페이스를 유지하는 것이 얼마나 중요한가 새삼 깨닫게 되었다. '제2의 정은희'가 되겠다고 말하는 사람이 있으면 이제는 다르게 말하고 있다.

"저처럼 하지 마세요. 자신만의 스타일을 찾으세요. 한 템포 느리더라도 '나'답게 자기답게 하면 됩니다."

나에게 성공은
어떤 의미인가

일할 때 자신의 흐름에 맞춰 스스로 일을 통제하는 것도 중요하지만, 그러려면 자신의 삶에서 이 일이 어떤 의미를 지니는가 생각해 보는 것이 필요하다.

마흔 살에 처음 방문판매에 도전했을 때 나는 돈을 많이 벌고 싶었다. 오랜만에 만난 내 아이들이 엄마가 돈이 없을까 봐 삼겹살이 더 먹고 싶어도 눈치를 보고 있는 걸 바라보면서 미치도록 가슴이 무너졌다. 그때는 온통 머릿속도 가슴속도 '나를 위한 성공'으로 채워져 있었다.

처음에는 일단 기본적인 일상생활에 지장이 없을 만큼 돈을 버는 것이 목적이었다. 목적을 달성하자 더 많은 돈을 바라게 되었다. 간절히 바란 만큼 노력했고 덕분에 눈에 띌 만큼의 성과를 거두기도 했다. 어느새 사람들이 나를 '성공한 사람'으로 바라보기 시작했고 돌아보면 행복한 시절이었다.

그때 나에게 아마도 성공은 '돈'이었을지도 모른다. 사회적인 분위기도 한몫했던 것 같다. 하도 '성공'이란 말을 사람들이 입에 달고 사니까 어느 광고에 "아빠, 성공이 뭐야?"라는 대사가 등장한 적도 있다. 그런데 성공이란 돈을 많이 버는 것일까. 성공의 의미는 사실 상당히 개인적인 것이다. 사람마다 성공의 의미가 다르고, 어제의 나와 오늘의 나에게 성공의 의미가 다르다.

내가 일을 하면서 경제적인 풍요를 누리는 것은 감사한 일이지만 돈만 있으면 행복한 삶이 채워지는 것도 아니다. 물론 돈이 없다고 행복한 것도 아니지만. 어떤 사람은 '어제보다 더 나은 오늘이 행복'이라고 말하기도 한다. 그렇다면 진정한 성공은 자아실현일까? 사전을 찾아보니 자아실현이란 '자기 자신의 능력과 개성을 충실하게 발전시켜 완벽하게 이루는 것'이라고 정의되어 있다. 40대의 나는 무엇보다 돈이 있어야 내가 원하는 것을 이룰 수 있고 발전시킬 수 있다고 여겼다. 충분한 재력이 내가 원하는 삶, 성공하는 삶을 가능하게 해준다고 생각했다. 물론 돈도 필요하긴 하다. 빈곤한 노후를 보내는 건 나도 싫으니까.

그러나 50대를 보내고 있는 나는 조금 다른 생각을 해보고 있는 중이다. 돈을 많이 벌고 유명해지는 것은 성공의 부분적인 모습에 지나지 않는다. '성공=돈'은 아닌 것이다.

"나만 생각하지 말고 우리를 생각하는 제니스 그룹이 되면 좋겠어요. 함께 노력하면서요."

내가 우리 그룹 사람들에게 항상 하는 말이다. 나는 M사에 있을 때 사람들의 시기와 질투, 경쟁의 대상이었다. 높은 자리에 있는 나를 깎아내리려는 사람들 틈에서 고독한 싸움을 해야만 했다. 그때 깨달은 것이 있었다.

'이런 식으로는 회사가 성공할 수 없어. 서로 헐뜯고 깎아내리는 방식으로 자신이 올라서려고 하다니. 이건 누구에게도 절대 도움 되는 일이 아니야.'

저 사람만 깎아내리면 내가 성공할 수 있을 거라고 생각하는 건 너무 근시안적이다. 그렇게 해서 기어이 '성공'처럼 보이는 자리까지 올라간 사람들도 있긴 할 것이다. 그런데 그 사람은 지금 행복할까? 자신의 삶에 만족해하며 스스로 자랑스러워하며 살고 있을까? 마음속 깊은 곳에 콤플렉스를 숨겨둔 채 생각지도 못한 곳에서 위기감을 품어내고 있진 않을까?

지금의 나는 '나의 성공'보다는 '우리의 성공'이 더 기쁘다. 그들이 나보다 더 성공한다면 그것이 바로 진정한 나의 성공이라는 생각이다. 애릭스의 시스템도 그걸 뒷받침해 주고 있다. 능력에 따라 하위 사업자가 상위 사업자보다 더 많은 돈을 받는 것도 가능한 구조다.

좋은 차를 타고, 좋은 집에 살고, 좋은 걸 먹는 것도 좋지만 더 소중한 무언가를 찾아낸 기분이다. 나에게 드디어 '사람'이 제대로 보이기 시작한 것인가 보다.

내 목표는 나와 함께 일하는 판매자들을 격려하고 지지하며 함께 뛰는 것이다. 그들이 스스로 보지 못하는 잠재된 가능성을 찾아주고 그 능력을 최대한 끌어내주고 싶다. 그러기 위해서는 아직도 더 많은 노력이 필요하다.

"제가 최선을 다하겠습니다. 제가 더 열심히 잘 하겠습니다."

사업설명회나 미팅을 할 때에도 나의 마음가짐은 이전과 다르다. 전에는 사람들 앞에서 우아하게 손을 흔드는 방식으로 인사를 했다. '나 이렇게 성공했어요'라고 말하기라도 하듯이. 하지만 지금은 헌신의 태도를 좀 더 적극적으로 표현하려고 한다. 이것은 내가 나에게 들려주는 말이기도 하다.

애릭스에서 일하면서부터는 리더로서의 목표점도 설정해 놓았다. '바람직한 리더'가 되는 것이 리더로서 나의 비전이다. 이 말은 하위 직급자가 돈을 많이 벌 수 있도록 해주겠다는 이야기가 아니다. '만족할 만큼 돈을 버는 것'은 내가 할 수 있는 일이 아니다. 사람의 만족엔 끝이 없기 때문이다. 대신 건강하고 윤리적이며 정직한 리더가 어떤 모습인지 사람들에게 몸소 알려주고 싶다.

한국의 네트워크 시장에는 아직 '바람직한 리더상'이 세워지지 않았다고 생각한다. 말하기 조심스러운 부분이지만 존경하고 싶은 롤모델이 될 만한 사람이 지금까지 나오지 않았다는 평이 많다. 물론 이렇게 말하는 나 또한 완벽한 리더는 아니다. 오히려 나야말로 그저 보고 따라가기만 하면 되는 바람직한 리더가 내 앞에도 있었으면 좋겠다고 생각하는 사람이다. 만약 내가 걸어간 길을 보고 하위 직급자들이 그대로 따라가겠다는 마음이 든다면 정말 기쁠 것이다.

　지금 누군가가 "당신은 지금 바람직한 리더의 삶을 제대로 살고 있느냐" 묻는다면 솔직히 잘 모르겠다. 하지만 여전히 사람들 앞에서 나는 이렇게 말할 것이다.

　"여러분의 성공을 위해서 최선을 다하겠습니다."

아내에게도
아내가 필요할 때

　몇 달 전 오랜만에 옛 친구를 만났다. 팔방미인인데다가 빛
나는 재원이었던 그녀는 집안까지 좋았다. 그런데 지금은 자신
을 위한 꿈을 펼치기보다 결혼 후 아내이자 엄마라는 역할에
충실하며 살고 있었다. 남편과 아이들 뒷바라지를 하면서 살
림 잘 하는 것도 의미 있는 일이라고 여기면서, 새로 산 북유럽
디자인의 소파와 이번에 알게 된 유명 디자이너의 옷 이야기를
꺼내느라 화제가 끊이질 않았다.

　그녀를 좋아했고 그녀가 선택한 삶을 존중했지만 이상하
게 돌아오는 길은 개운하지 않았다. 남편과 자식 자랑을 하던

이야기 중간 중간에 설핏 지나가던 쓸쓸한 표정 때문이었을까. 자신의 삶이 얼마나 행복한지 길게 늘어놓던 그녀의 모습이 왠지 행복하려고 애쓰는 것처럼 보였는지도 몰랐다.

몇 주 뒤 그녀가 다시 만나고 싶다고 연락을 해왔다. 나는 잠시 망설였다. 솔직히 말하면 그녀를 만나도 내가 할 얘기가 없었기 때문이다. 하지만 결국 한 번 더 만나기로 했다. 가슴에 살짝 빗금처럼 그어진 그녀의 쓸쓸함이 기억났기 때문이다. 그녀는 자리에 앉자마자 노래 이야기를 꺼냈다.

"꿈은 버리고 두 팔은 딱 붙이고……살아가야 하는데. 너도 이 노래 알지? 집에 가는 길에 운전하다가 라디오에서 흘러나오는 노래를 듣는데 나도 모르게 울컥 하는 거 있지."

말을 하는 그녀의 목울대가 떨렸다.

"이유도 없는데 하염없이 눈물이 나더라. 집에 도착했는데도 노래가 끝날 때까지 차에서 내릴 수가 없었어."

'꿈은 버리고'라는 가사가 입안에서 계속 맴돌았다고 했다.

"꿈이라는 말이 얼마나 서글프게 들리던지, 내 꿈은 뭐였나 싶어서……."

친구는 결국 뒷말을 잊지 못했다. 우리는 그날 중년 이후의 삶에 대해 오래 대화를 나눴다. 중년은 인생의 반환점을 통과하는 의미심장한 나이다. 삶의 하프타임과 같다. 지금까지 살아왔던 삶의 방식을 한 번쯤 뒤돌아봐야 할 때이기도 하다. 하버드대학 성인발달연구소에서 중년의 시기를 심층 취재 방식으로 연구해 온 윌리엄 새들러는 '서드 에이지Third Age'라는 말로 표현했다. 그는 마흔 이후 인생의 새로운 성장을 위해 6가지 원칙이 필요하다고 했다.

첫째, 중년의 정체성 확립하기.
둘째, 일과 여가활동의 조화.
셋째, 자신에 대한 배려와 타인에 대한 배려의 조화.
넷째, 용감한 현실주의와 낙관주의의 조화.
다섯째, 진지한 성찰과 과감한 실행의 조화.
여섯째, 개인의 자유와 타인과의 긴밀한 관계 사이의 조화.

서로 상반되는 의미로 보이는 두 요소 간의 균형과 조화를 강조하고 있는 것이 이채롭다. 하지만 곰곰이 생각해 보면 균형과 조화야말로 우리가 잊지 말아야 할 덕목 중의 하나인 듯 싶다. 특히 지금까지 자신의 삶보다 가족을 위해 살아왔던 여성들에겐 '역할'에서 '자신'으로 삶의 방향을 바꾸며 한쪽으로 치우쳤던 시소의 균형점을 옮겨야 하는 때이기도 하다.

서드 에이지는 인생에서 특별한 도약의 시기다. 남편과 아이들만 쳐다보며 전전긍긍하는 대신 묵혀두기만 했던 자신의 꿈을 한번 꺼내볼 때이기 때문이다. 나는 중년이야말로 여성들이 통속과 고정관념에서 벗어나 꿈을 펼 수 있는 절호의 기회라고 믿는다. 40년 넘게 사회가 요구하는 대로 엄마로서 아내로서 직장인으로서의 '역할'에 충실하게 살아왔다면 이제는 좀 더 자유롭게 참된 자신으로 살아도 되지 않을까.

물론 '역할'의 힘은 공고하다. 오래 입은 옷처럼 습관화되어 내 욕구와 역할의 요구가 부딪치면 역할의 목소리가 커지기도 한다. 집에 돌아오면서 친구가 들으며 눈물을 흘렸다는 노래를 나도 찾아서 들었다. 노래가 끝나자 강렬한 단어 하나가 남았다. 그것은 '꿈'이었다. 노래가 흔들어 깨운 심장에 남은 단 한 마디의 말. 다시 한 번 '꿈'에 대해 생각했다.

꿈은 사실 거창하지 않아도 좋다. 소박하게 일상의 꿈을 꾸는 것도 행복해지기 위한 꿈이 될 수 있다. 인생의 후반전을 준비하는 때, 자신만을 위한 꿈 하나 없다면 너무 가난한 마음이 아닐까? 누군가는 꿈에 대해 이런 말을 했다.

"별에 이를 수 없다는 것은 불행이 아니다. 불행한 것은 이를 수 없는 별을 갖고 있지 않다는 것이다."

꿈은 실현 가능한 것이기도 하고 실현 불가능한 것이기도 하다. 그러나 직업이 반드시 꿈인 것은 아니다. 꿈이 무엇이냐고 물으면 60억 인구 수만큼이나 다양한 대답이 나올 것이다. 내 꿈은 나의 것이고, 누구의 간섭도 받을 필요가 없는 것이다.

꿈이 있는 사람은 생기 있는 표정을 하고 산다. 누가 시키지 않아도, 자신이 가고자 하는 길을 간다. 자신의 꿈을 키우는 일에 타인의 허락이 필요하지 않기 때문이다. 자신의 힘이 닿는 대로 키우면 된다. 누군가는 꿈이란 밤하늘의 별처럼 막연한 것이라고 할지도 모른다. 그러나 별은 우리에게 방향을 알려주려고 반짝반짝 빛을 낸다. 삶에 아직 무언가가 남아 있음을 일깨워준다.

꿈 이야기를 하면 많은 사람들이 나이 탓을 하면서 미룬다. 물론 상황도 한몫을 한다. 특히 여성은 누구의 아내이자 엄마가 되면 더 이상 꿈을 갖지 않는 것에 익숙해지는 것 같다.

직장 맘은 슈퍼우먼이 되기 싫어도 집안일과 바깥일을 모두 해내야 한다는 것이 여전한 현실이다. 맞벌이를 하면서도 집안일은 여전히 여성의 몫으로 남아 집안이 잘 돌아가지 않으면 아내 탓이 된다. 게다가 바빠서 아이와 함께 있지 못하거나 요리가 서툰 것 같으면 '죄책감'을 느끼도록 강요받는다.

"퇴근하면 뭐해. 집으로 또 출근해야 하는데."

"아이가 아파도 같이 있어 주지도 못하고, 틈내서 병원 갈 때도 상사 눈치를 봐야 할 때면 내가 여기서 뭐 하나 싶어."

직장 맘이라면 모두 공감할 말이 아닐까 싶다. 그렇다고 전업주부라고 해서 어디 맘이 편하던가. 직장 맘을 바라보며 자신이 가지 않았던 커리어우먼의 삶을 동경하고 부러워한다. 자신의 삶을 살기보다 아이를 돌보는 일에 에너지를 쏟지만 헛헛한 마음이 드는 건 어쩔 수 없다. 괜히 무시당하는 것 같을 때도 있다.

"애들 쫓아다니느라 저녁거리 장도 못 봤어. 계란밥 해먹였어."

아이 초등학교 입학 후 엄마들에게서 자주 들을 수 있는 말이다. 집에 있는 전업 맘이 무슨 할 일이 있다고 이런 말을 하냐 싶겠지만 집안일과 육아는 끝나지 않는 노동과 같다. 잠시 쉴 틈이 생겨도 쉬는 게 아니다. 남편(아이들)은 회사(학교)가 끝나고 집에 돌아오면 아내(엄마)의 보살핌을 받지만, 아내(엄마)는 아무도 챙겨주지 않는다. '나에게도 비서 아내가 있었으면 좋겠다' 싶다.

이래도 힘들고 저래도 힘드니 결혼을 안 하는 게 낫다고 생각할 수도 있다. 그렇지만 결혼을 하지 않아도 사정은 별반 다르지 않다. 대한민국 여성이 조금이라도 나이가 들어 혼기를 지나면 혹시 문제가 있어서 결혼을 못한 사람이 아닌가 하는 시선을 받아야 한다. 남들 편히 쉬는 설날과 추석이 제일 싫다. 잘못한 것도 없이 마음이 움츠러든다.

남자는 여자의 돌봄을 받는 게 당연시되는 사회에서 여성은 계속 사회적 약자로 남을 수밖에 없다. 돌봄을 받기는커녕 타인을 위한 희생과 배려는 당연한 것이고 거기에 자신을 아름답게 가꿔야 한다는 무언의 강요를 받는데도 말이다. 이런 상황에서 여성이 자신의 꿈을 이룬다는 것은 사막에서 장미를 만나는 일처럼 여겨지기도 한다.

하지만 중년의 여성은 강하고 아름답다. 20대, 30대를 여자의 꽃다운 시기로 여기는 것은 가임기 여성만을 아름답다고 여기는 남성적 시각이 작용한 탓이 아닐까. 오히려 거기에서 벗어난 마흔 이후의 여성이야말로 세상을 보는 이해력과 포용력, 흔들리지 않는 균형미와 완숙미를 가지고 새로운 일을 도모할 수 있는 적절한 시기를 맞은 것이 아닐까.

인생은 길다. 앞으로의 10년을 생각해 보자. 10년 후 내가 바라는 삶을 상상해 보면서 지금 당장 할 수 있는 일을 찾기 바란다. 인생을 바꾼다는 건 말처럼 쉬운 일이 아니지만 그래도 지금, 나 자신을 위해 당장 시작할 수 있는 작은 일을 해보자. 변화는 작은 것에서부터 시작되니 말이다.

5장

새로운 도전 앞에 선
사람들에게

어떤 경우에도
타협할 수 없는 것

마지막 5장에서는 이제 막 네트워크 사업을 시작한 사람들이나 한창 이 일을 하고 있는 사람들에게, 좀 더 만족스러운 결과를 내기 위해 필요한 항목들을 말해볼까 한다.

네트워크 사업은 발전 가능성이 높은 분야다. 세계로 뻗어나가며 판매자를 구축하는 일이 가능하기 때문이다. 이 일을 장기적인 비전으로 건강하게 유지하기 위해서는 회사뿐만 아니라 일하는 사람들의 도덕성도 필요하다.

과거 네트워크 사업의 리더들은 특정 수준까지 매출을 올리기 위해 판매자들에게 재고를 잔뜩 사도록 강요하는 일들이 많았다. 하위 직급자들 또한 자신의 이익을 좇아 다른 리더가 이끄는 팀에 들어갔다 나오기를 반복하곤 했다. 이런 일들은 모두 일시적으로는 이익이 있었을지 몰라도 장기적으로는 어려움을 겪는 원인이 될 수 있다.

"무조건 사 둬. 그러면 성공할 거야."

이렇게 실적을 위한 제품 사재기를 은근히 권하는 것만큼 무책임한 일이 또 있을까. 쌓인 재고에 대한 적절한 해결 방안이 없이 일단 매출부터 올리라고 부추기는 것은 희망고문에 불과하다. 나는 방문판매를 할 때도 절대 재고를 쌓아두지 말 것을 조언하곤 했다. 애럭스에서도 나는 사업자들에게 제품 사재기를 금하고 있다. 어떤 단계를 거쳐서, 어떤 방법으로 성과를 낼지 적절한 시스템을 구비하고 매뉴얼을 가르쳐주는 것이 리더가 할 일이라고 생각하기 때문이다.

"내가 이만큼 돈을 번다. 몇 평짜리 집에 산다. 이런 좋은 차를 타고 다닌다."

이런 이야기를 하는 리더도 사실은 집에 재고가 잔뜩 쌓여 있을지도 모른다. 이런 방식은 결코 멀리 갈 수 있는 방법이 아니다. 속도가 조금 늦더라도 제대로 된 방향으로 가야 한다. 네트워크 사업은 먼 미래를 바라보고 큰 비전에 따라 움직이는 사업이지, 단기간에 결과를 내고 끝내는 사업이 아니다. 조급해 한다고 좋을 건 없다.

유행과 딱 맞아떨어진 제품이 불티나듯 팔리고 사업이 승승 장구하면 그보다 더 좋은 일이 없겠지만 그런 일은 쉽게 일어 나지 않는다. 로또 같은 일을 기대하기보다는 좋은 제품을 건 강하게 알리는 것이 더 바람직하다. 정당하지 않은 꼼수를 부 려 커리어를 쌓는 것보다 건강하고 정직한 태도로 일하는 것이 즐겁게 오래 일할 수 있는 방법이다.

인도의 마하트마 간디는 7대 사회악 중 하나로 '노동이 없는 부'를 꼽았다. 노동의 대가 없이 얻은 부는 사회를 병들게 한다 는 것이다. 나 또한 이에 공감한다. 돈 걱정 없이 사는 것은 물 론 좋다. 그러나 부정한 방법으로 고소득을 올리는 것보다 정 직한 노동의 대가를 지불하며 착실한 걸음을 내딛는 것이 사회 와 나를 더 건강하고 행복하게 만들어주지 않을까.

도덕성에 덧붙여서 최선最善을 다해야 한다는 이야기도 하고 싶다. 그런데 최선을 다했다는 말은 상대적인 평가가 아니다. 옆 사람보다 자신이 조금 더 시간을 들이고 에너지를 썼다고 해서 최선을 다했다고 말할 수는 없다.

"최선을 다했다는 말을 함부로 쓰지 마라. 최선이란 자기의 노력이 스스로를 감동시킬 때 비로소 쓸 수 있는 말이다."

조정래 작가는 최선에 대해 이렇게 정의했다. 다른 사람이 보기에는 최선을 다한 것처럼 보일 수 있다. 하지만 최선을 다했느냐 그렇지 않느냐를 가장 잘 아는 사람은 바로 당사자다. 스스로가 만족할 만큼 열과 성을 다했느냐에 따라 자신을 평가할 수 있기 때문이다.

최선을 다했을 때 수입이 따라오는 건 당연한 일이라고 생각한다. 하지만 최선을 다하지 않고도 수입이 발생하는 경우가 있다. 편법을 사용하거나 불합리하게 이득을 취할 때가 바로 그런 예다. 달콤한 말로 사람을 꾀는 일도 있다. 이런 방법으로 돈을 벌 수야 있겠지만 사람을 얻을 수는 없다. 사람들은 상대방의 태도가 진짜인지 거짓인지 금세 분별할 수 있기 때문이다. 진실함도 없고 최선을 다하는 태도도 없는 사람 곁에 오래 붙어 있기란 어려운 법이다.

최선을 다한다는 말 안에는 그 사람의 열정과 노력, 도덕성과 진정성, 삶의 방향이 모두 들어 있다. 진정성을 가지고 최선을 다해 일하는 사람에게는 높은 성과가 나타나기도 한다. 도덕성과 진정성이 있으면 집중하는 시간이 더해지면서 곁에 사람들이 머무르기 때문이다.

지금의 회사에 정착하기까지 나에게도 많은 고민과 두려움이 있었다. 한때는 일을 그만둘까 생각하기도 했지만, 다시 일어서서 새로운 도전에 뛰어든 것은 나 자신만을 위해서가 아니었다. 나와 함께 같은 비전을 꿈꾸며 같은 방향을 보고 달려갈 준비가 되어 있는 동반자들이 있었기 때문에 가능했던 일이다. 그들을 돕는 것이 나의 새로운 목표이고, 그것이 바로 나의 성공이다. 그들을 위해 길을 먼저 닦아놓으려고 한다.

사실 아무리 굳게 다짐해도 시간이 지나면 결심이 약해질 수 있다. 새로운 습관을 만들기 위해서는 반복해서 말하고 반복해서 행동에 옮기는 수밖에 없다. 나는 2016년 말 새해를 맞이하기 전에 '자기선언서'를 정성껏 써서 액자에 넣어두었다. 아침마다 집을 나서기 전에 선언서를 읽고 하루를 시작하고 있다.

2017 두근두근 내 인생

행복을 포기하지 않기

다른 사람의 성공을 도와주기

오늘 하루 감사하다고 말하기

잠들기 전 10분, 다음날 하루를 디자인하기

존경받는 엄마가 되기

함께하는 남편을 존경하기

GO-GIVE 실천하기

독서 2,000권 도전하기

내 삶에 여유를 만드는
시간 관리법

　방문판매가 됐든 직접판매가 됐든 개인사업자로서 세일즈를 하고 있는 사람이라면 '시간이 곧 돈'이라는 점을 잘 이해해야 한다. 같은 시간에 얼마나 많은 사람들을 만나느냐가 이 사업의 관건이 될 수 있다. 네트워크 마케팅의 원래 취지를 생각해도, 얼마나 많은 소비자들에게 입소문을 퍼뜨리느냐가 관건이 된다.

　M사에서 방문판매로 최고직급자가 되기까지 내가 움직였던 거리는 하루 평균 400킬로미터 정도였다. 서울에서 부산까지의 거리다. 최고로 많이 다닐 때는 800킬로미터가 넘을 때도 있

었는데, 그것은 동선을 최소화하도록 스케줄을 짜고 철저하게 시간관리를 했기 때문에 가능했던 일이다.

청주에 사는 내가 고객의 소개로 부산에 새로운 고객을 만나러 가야 한다면, 그날 고객과의 약속장소에서 가까운 부산 시내를 돌아다니며 랜덤으로 새로운 고객 확보를 시도하거나 울산, 대구, 대전 순으로 약속을 배치하면서 시간을 아꼈다. 시간관리를 잘 하면 생각보다 많은 일을 해낼 수 있었다. 내가 사용할 수 있는 시간이 늘어나는 데다가 쓸데없이 시간을 버리는 일이 점점 사라졌다.

시간은 누구에게나 24시간이 주어진다. 똑같은 시간을 살아가는데도 어떤 사람은 성공을 하고, 어떤 사람은 후회를 한다. 누군가에게는 24시간이 모자라고, 누군가는 24시간이 일주일처럼 느껴진다. 하루 24시간을 어떻게 보내느냐에 따라 자기에게 주어진 시간은 달라진다. 궁극적으로는 자신의 인생도 달라진다. 내가 애릭스에서 세계 최초로 첫주 5일 만에 최고직급자인 체어퍼슨에 오른 것도 시간관리의 힘이 많이 작용했기 때문이다. 하루의 시간을 활용하는 노하우는 물론 사업 시작 전부터 효과적인 홍보를 했던 것이 주효했기 때문이다.

시간을 효율적으로 사용하기 위해 내가 적용하는 방법은 크게 세 가지가 있다.

첫째, 우선순위를 정하는 것이다.

내가 해야 할 일에 우선순위를 정하고 기록할 때 나는 달력을 이용한다. 먼저 한 달 스케줄을 달력에 적는데, 모두 적되 똑같이 체크하는 것은 아니다. '우선순위'의 법칙을 적용하기 때문이다. 나는 고전적인 방법을 사용하는데 특별한 비법이 있는 게 아니라 색깔이 다른 형광펜을 쓰는 것이 전부다. 정말 중요한 일을 했을 때는 빨강색으로 죽 긋는다. 다른 성격의 일은 초록색과 노란색으로 나누어 표시한다. 이렇게 하면 달력에 스케줄을 쓰면서도 나를 점검하는 데 유용한 수단이 된다.

한 달이 지난 후 달력을 보면 내가 어떻게 일했는지 한눈에 알 수 있다. 빨강색이 전혀 없는 기간은 내가 제대로 일을 하지 않았음을 의미한다. 반면 빨강색이 돋보이는 달은 내가 그만큼 우선순위에 따라 제대로 열심히 일했다는 뜻이다.

예전에 하위 직급자들에게 우선순위에 따라 일하는 방법을 알려준 적이 있었다. 다음 날의 스케줄은 오늘 미리 정해두고, 월 단위의 큰일은 월간 계획 등으로 짜서 시간을 구체화시키는 방식이었다. 내일 해야 할 일로 가장 중요한 것 여섯 가지를 쓰라고 했는데, 놀라운 것은 사람들이 이 중요한 일에 전혀 엉뚱한 일들을 써넣는 경우가 많았다는 것이다.

'김치 담그기, 아이 유치원 데려다주기, 개 밥 주기.'

비즈니스 플랜을 짜는 데 이런 것들로 가득 차 있다면 일을 제대로 했다고 평가할 수 있을까. 내가 말한 중요한 여섯 가지 일은 '성과를 내기 위해 내일 반드시 해야 하는 일', '미래의 투자를 위해 지금 해야 할 일' 등을 의미하는 것이었다. 김치 담그기도 내일 해야 할 일이긴 하겠지만, 그런 건 '기타 할 일'에 넣어야 하지 않을까.

우선순위의 기준은 중요도일 수도 있고, 시급성時急性일 수도 있다. 때로는 가능성과 불가능성일 수도 있다. 또는 여러 가지 기준이 복합적으로 적용될 때도 있다. 그러나 어디에 해당하든 자신이 정한 기준을 바탕으로 신중히 판단해서 우선순위에 따라 일을 처리하는 게 중요하다고 생각한다. 그리고 실행 여부를 표시해서 그것을 가시화하면 자연스럽게 다음 실천을 위한 점검으로 이어진다.

둘째, 일하는 공간이든 생활공간이든 주변을 깨끗하게 정리하는 것이다. 일명 '청소력'이다.

시간관리와 청소가 무슨 관계냐 싶겠지만 그렇지 않다. 업무 관련 서류나 메일 등을 쌓아두지 않고 그날 안에 바로 정리하는 것을 습관으로 만들면 일을 할 때 필요한 것을 바로 손에 넣을 수 있고, 빨리 처리할 수 있다. 그만큼 시간을 아낄 수 있는 것이다. 흐트러진 방, 청소가 안 된 사무실 등에서 계속 생활하면 혈압이 증가하고 가슴이 두근거리며 목과 어깨가 무거워지고 이유 없이 화를 낸다는 연구도 있다. 주변이 정리가 되어 있지 않으면 사소한 것 하나를 찾는데도 그만큼 시간을 낭비하게 된다. 정리란 물리적인 공간에만 해당되는 것은 아니다. 일하는 과정을 줄이면 마음도 한결 가볍고 산뜻해져서 자신감을 상승시키는 데 도움이 되기도 한다.

셋째, 자투리 시간을 활용하는 것이다.

자투리 시간 활용법은 생각보다 훨씬 강력한 효과가 있다는 것을 수없이 많이 경험했다. 하루 10분, 20분은 자투리 시간이라고 해서 우습게 볼 게 아니다. 시간이 짧은 만큼 오히려 집중력을 높일 수 있다. 최대한 집중력을 올려 몰입한 상태라면 평소에 1시간 걸릴 일도 10분 만에 끝낼 수 있다.

세일즈맨뿐만 아니라 자투리 시간의 활용은 출퇴근하는 직장인에게도 큰 힘을 발휘한다. 출근 시간 10분, 점심 시간 10분, 퇴근 시간 10분을 합해 하루 30분만 투자해도 한 달에 두세 권의 책을 읽는 것이 가능하다. 그 시간에 영어 공부를 해도 1년이면 130시간 이상 확보되는 것이다. 잘나가는 학원 강사에게 찾아가 "한 달 안에 1급 시험에 합격하게 해주세요."라고 할 게 아니라 자투리 시간을 활용하기 바란다.

잠들기 전 10분 동안 내가 매일 빼놓지 않고 하는 일이 있다. 눈을 감고 누워 편안하게 호흡을 고르며 내일을 어떻게 보낼지 하루를 그려본다. 가장 먼저 해야 하는 중요한 일이 무엇인지, 그 일을 마치려면 시간이 얼마나 걸리는지, 어느 동선으로 움직일 것인지, 그리고 마지막으로 멋지게 그 일을 해내는 나의 모습을 세심하게 떠올린다. 이렇게 하면 다음날 일과를 수행할 때 늘 기분 좋은 상태를 유지할 수 있다.

효율적으로 시간관리를 할 수 있으면 삶의 여유라는 시간을 선물로 받게 된다. 시간관리만 잘 해도 남들보다 여유롭게 살 수 있다. 동선 관리를 잘 해두면 서두를 필요가 없기 때문에 스트레스를 받는 일도 줄어들고 실수도 거의 하지 않는다. 다른 사람 눈에도 항상 여유로운 사람으로 비치기 때문에 이런 태도는 신뢰를 높여준다. 그런 여유는 삶의 풍요로움으로 이어진다. 예전보다 가족과 보내는 시간이 늘고, 공부할 시간이 생겨서 전문성을 높일 수 있다.

최근에는 시간 관리를 도와주는 어플도 나와 있고, 시간 관리와 관련된 책도 많다. 도움을 받을 수단은 얼마든지 차고 넘친다. 지금까지 이야기한 세 가지는 시간을 아껴쓸 수 있는 방법들이었는데, 그보다 중요한 것은 시간을 소중히 여기는 태도다. 나의 시간을 소중히 하는 만큼 타인의 시간도 소중히 여기면 미팅이나 강의가 있을 때 헐레벌떡 뛰어가는 일이 없어서 좋다. 약속을 하면 상대보다 조금 일찍 도착해서 그날의 미팅 내용을 다시 한 번 정리한다. 어제 생각하지 못한 적절한 질문이 떠오를 때도 있다. 시간을 소중히 여기면 5분이나 10분의 시간이라도 5시간, 10시간처럼 쓸 수 있게 된다.

그리고 한 가지 더 잊지 말아야 할 것이 있다. 시간을 귀하게 여기는 이유는 일을 더 많이 하기 위해서가 아니라 자신에게 여유를 선물하기 위해서라는 것이다. 여유가 있어야 자신뿐만 아니라 주변의 사람들을 돌아볼 수 있다.

여유는 게으름과는 다르다. 게으름은 삶을 좀먹지만 여유는 삶을 풍요롭게 한다. 조금의 여유도 없이 허겁지겁 쫓기듯 살아가는 사람을 본받고 싶어하는 사람은 없을 것이다. 우리에게 주어진 선물 같은 시간을 어떻게 쓸 것인지는 각자의 선택에 달려 있다.

하루 10분
자투리 독서

　어떤 사업을 하든 어떤 일을 하는 사람이든 상관없이 자기 계발을 멈추지 않는 사람은 성장한다. 사람이 '일'을 하는 이유는 '성장'하기 위해서라고 말해도 과언이 아니다. 많은 사람들이 자기 분야에서 성공하기 위한 필수조건 중 하나로 독서를 꼽는다. 직원들과 대화하는 데 부족함을 느꼈기 때문에 독서를 시작했다는 기업체 사장님도 있고, 아이들이 물어보는 게 많아서 독서를 멈출 수가 없다는 학원 강사도 있다. 사실 일하는 사람의 독서는 한가롭게 지적인 재미를 느끼기 위해서라기보다 문제를 해결하고 생각하는 힘을 키우기 위해서 하는 것이 효과적이다.

그런데 일이 많아서 책을 읽기가 너무 힘들다는 사람이 많다. 한마디로 시간이 없다는 것이다. 여기서 바로 자투리 시간의 활용법이 큰 힘을 발휘한다. 우리 그룹의 박경빈 시니어오피서는 자투리 시간을 모아 하루 30분 이상 책을 읽고 있다고 말한다.

"제가 움직이는 동선 안에는 모두 책이 있어요. 한 달에 한 권을 정해놓고 들고 다니면서 읽는 것이 아니라 다섯 권 정도의 책을 여기저기 놓아두고 틈틈이 읽고 있어요. 그리고 한 권을 반복해서 읽는 것도 좋아해요. 저자의 사고를 내 것으로 만들 때까지 여러 번 읽는 거죠."

독서는 재미와 즐거움을 주지만, 덤으로 통찰력과 지혜를 준다. 그것이 내가 책을 읽는 가장 큰 이유다. 세상을 보는 안목과 사람을 꿰뚫는 힘을 길러주는 가장 돈 안 드는 방법이 독서다. 독서를 통해 얻은 통찰력과 지혜를 자신이 일하는 분야에 적용할 수도 있다. 사람들과의 관계에서 어려움을 겪을 때 책을 읽다가 다른 관점을 발견하기도 하고, 일에서 어려움을 겪을 때 책을 읽다가 새로운 아이디어가 문득 떠오르기도 한다. 게다가 미래를 보는 예측 능력도 책을 통해 기를 수 있다.

책 속에는 수많은 인간사가 나온다. 다양한 인물 유형이 있고, 다양한 사건 사고와 맞물려 형성되는 인물의 심리나 대응방식도 들여다볼 수 있다. 시대가 변하고 사람이 달라졌다고 하지만 역사란 돌고 도는 것이고, 본질적인 것은 변하지 않는다. 사람의 본능적인 속성은 예나 지금이나 변하지 않는 것을 알 수 있다. 그리고 일은 언제나 사람과 연결되어 있다.

2011년 미국 경제지 《포브스》는 미디어 부분에서 세계에서 가장 영향력 있는 여성으로 오프라 윈프리를 뽑았다. 그녀는 1986년부터 2011년까지 25년간 '오프라 윈프리 쇼'를 진행했으며 140여 개국의 사람들이 그녀의 쇼를 봤다. 많은 사람들이 그녀를 좋아하는 이유는 공감 능력에 있지 않을까 싶다. 그녀가 굴곡진 인생을 이겨낸 이야기는 많은 사람들에게 깊은 감동을 주었다. 그리고 그녀는 사람들의 이야기를 듣고 그 이야기에 공감하는 능력이 뛰어나다. 더불어 굉장한 독서광이기도 하다. 그녀가 언급한 책들은 모두 베스트셀러가 됐다.

"우리가 어떤 생각을 하는지에 따라 우리가 어떤 사람이 되는지를 결정합니다."

그녀의 어록 중 하나다. 그녀가 자신의 쇼에 책 소개를 끼워 넣은 이유가 바로 이것 때문이 아닌가 싶다. 생각하는 힘을 길러주는 것으로 독서만 한 것이 없다. 『논어』에도 나오지 않는가. "배우고도 생각하지 않으면 얻는 것이 없으며, 생각만 하고 배우지 않으면 위태로워진다(學而不思則罔 思而不學則殆)." 독서와 사고력은 따로 떼어놓고 생각할 수 없다.

최근에 읽은 책에서 흥미로운 사실을 발견했다. 생활기록부에 다음과 같은 내용이 적혀 있다면 이 사람은 어른이 되어 어떤 사람이 되었을까?

"품행이 나쁜 믿을 수 없는 학생으로, 의욕과 야심이 없고 다른 학생들과 자주 다투며, 상습적으로 지각하고 물건을 제대로 챙기지 못하며 야무지지 못하다."

이 생활기록부의 주인공은 영국 전前 총리로 제2차 세계대전을 승리로 이끌었던 윈스턴 처칠이다. 그는 1953년 『2차 세계대전』이란 저서로 노벨문학상을 수상하기도 했다.

처칠은 학교에서는 말썽꾸러기 낙제생이었고 꼴찌를 도맡아 했으며 언어장애까지 있었지만, 아버지에게서 책 선물을 받은 후 하루에 5시간씩 독서하는 것만큼은 빼먹지 않았다고 한다.

어른이 된 그는 뛰어난 연설가이자 정치가가 되었고, 뉴턴과 세익스피어를 제치고 '위대한 영국인 1위'로 꼽힐 정도로 많은 사랑을 받는 인물이 되었다. 그의 미래를 통찰하는 능력이 역사서를 비롯한 수많은 책에서 나온 것이라는 점은 시사하는 바가 크다.

책은 읽으면 읽을수록 마르지 않는 샘물처럼 우리에게 끊임없이 무엇인가를 공급해 준다. 눈앞의 성공을 위해 독서를 하라는 말은 지나친 단견이다. 독서는 '오늘보다 나은 내일'로 이끌어준다. 내가 50대를 앞두고 세운 10년 계획에 '2,000권 독서하기'가 있다. 단순 계산으로 하면 1년에 200권은 읽어야 하고 2~3일에 한 권은 읽어야 가능한 일이다. 독서가 나에게 분명 새로운 시각과 깨달음을 가져다주리라 믿기 때문에 열심히 실행에 옮기고 있다.

일을 시작하는 순간
당신은 이미 리더다

네트워크 사업을 시작하면 초반부터 리쿠르팅을 통해 함께 일할 판매 파트너를 구해서 팀을 구축하고, 그들이 제대로 일할 수 있도록 리더십을 발휘해야 한다. 네트워크 마케팅 종사자라면 누구나 이 일이 혼자서만 잘한다고 잘될 수 있는 일이 아님을 깨달아야 한다. 당신의 하위 직급자로 새롭게 합류해서 들어온 사람이 있다면 그는 '자신을 끌어주고 키워주기'를 원하고 있을 것이다.

따라서 네트워크 사업자는 매출을 올리기 위해 발로 뛰는 활동을 하면서도 자신의 능력을 향상시키고 안목을 키우는 공부를 게을리하지 않아야 한다. '날 성공시켜 주세요'라는 눈빛으로 쳐다보고 있는 팀원들의 교육에도 힘써야 한다. 세일즈맨으로서의 본인 활동 외에도 리더로서의 활동을 반드시 염두에 두고 일해야 하는 것이다.

애릭스 사업을 하며 힘든 상황에 놓인 사람들을 더 많이 알게 되었다. 그 사람들을 진심어린 마음으로 바라보자 나에게 놓인 숙제가 무엇인지, 내 역할이 무엇인지 깨달을 수 있었다.

'나는 그분들이 오늘보다 행복한 내일을 살 수 있도록 도와야 한다!'

이 마음은 어떻게 보면 '사람들이 바라는 정은희'가 된다는 말일지도 모르겠다. 그들의 상황에 맞게 지지하고 격려하며 응원하는 리더가 되고 싶다. 그러나 이것이 때에 따라 모습을 바꾸면서 가면을 쓰고 사람들을 대한다는 의미는 아니다. 사람들이 원하는 정은희가 되는 일이 나를 속이는 것을 뜻하는 것은 아니기 때문이다.

그들의 상황에 맞게 내가 도움이 되려면 어쩌면 나는 만능이 돼야 할지도 모른다. 그러나 내가 신神이 아닌 이상 모든 걸 다 잘할 수 있을 리는 없다. 다만 할 수 있는 것이 있으면 최선을 다하고, 모르는 것이 있거나 능력이 부족한 부분은 함께 이야기하면서 해결할 수 있는 방법을 찾아갈 것이다.

숲 해설가 추순희의 『숲은 번개를 두려워하지 않는다』란 책을 보면, 인忍의 미덕을 지닌 '진짜 나무' 참나무에 관한 이야기가 나온다.

"우리가 흔히 알고 있는 참나무는 도토리라는 열매로 더 친근합니다. 4월이 되면 꽃이 먼저 피고 나뭇잎이 그 뒤를 이어 피어나는데, 참나무의 은근한 양보심은 지표를 낮게 덮고 있는 지피식물에겐 큰 도움이 됩니다. 그래서 참나무의 숲은 이른 봄부터 꽃을 피워내는 지피식물로 인해 아주 풍성한 숲이 됩니다.

인忍의 미덕이란 무엇일까요? 오직 생존의 경쟁만 가득한 자연에서 과연 그것이 가능한 것인지 의문이 생기지만, 이른 봄 참나무 숲 바닥에 피어나는 수많은 봄꽃들이 그 대답이 됩니다. 낮은 땅바닥에서 삶의 터전을 잡고 있는 지피식물의 씨앗이 여물어야 참나무는 잎을 냅니다."

예전의 나를 떠올리면 혼자 저만치 떨어져서 자라는 한 그루 나무와 같았다. 그러나 이제는 혼자만의 성공에 의미를 두

지 않는다. 독야청청 푸르른 한 그루 소나무가 되기보다 땡볕
도 서리도 함께 맞으며 더불어 자라는 참나무 숲이 되고 싶다.

　나에게 이것은 새로운 도전과도 같다. 내 안에 새로운 설렘
이 생긴다. 눈이 번쩍 뜨이고, 마음속에 반짝반짝 빛나는 것이
생기는 것 같다. 내가 더 열심히 살아야 하는 이유와 명분인 셈
이다.

내 인생에 진짜 전성기는
오지 않았다

애릭스에 들어오기 전 나는 다양한 연령대의 사람들을 만나 그들의 생각을 들어보려고 노력했다. 20대부터 50대의 사람들에게 "10년 후에 어떻게 살고 있을 것 같아요?"라는 질문을 던졌다.

"괜찮은 사람 만나서 남들처럼 중산층의 삶을 살고 있지 않을까요?"

"30평대 아파트에 살면서 현금은 한 1억쯤 가지고 있고, 1년에 한두 번 해외여행 다녀오고 뭐 그럴 것 같아요."

막연한 생각이라고 했지만 20대들은 자신의 30, 40대를 희망적으로 바라보고 있었다. 반면 나와 같은 50대는 그렇지 않았다. 미래가 얼마나 불투명한지 살아오는 동안 충분히 경험했기 때문일 것이다. 사람들을 만나 이야기를 들은 후 나는 방문판매와 네트워크 사업에 대한 생각을 정리하기 시작했다.

그러다 나에게 입사를 제안해 왔던 한 회사가 한국에 들어온지 6개월 만에 철수 결정을 내린 일이 있었다. 만약 그 회사를 선택했었다면 나는 어떻게 되었을까! 지금 생각해도 심장이 벌렁거린다. 나는 결혼을 앞둔 사람처럼 신중해졌다.

"좀 살아보고 아니면 말지, 뭐."

"결혼은 인생 전반에 엄청난 영향을 미쳐. 결혼 하나로 인생이 바뀔 수도 있어."

이 두 가지 중 어떤 태도를 가져야 할까? 결혼은 자신의 일생을 두고 하는 결정이다. 좀 살아보고 아니면 말겠다는 태도로 결혼 후의 인생이 잘 풀릴 리가 없다. 내게 새로운 회사를 선택하는 일은 결혼을 앞두고 신랑의 됨됨이를 신중하게 관찰하는 신부의 마음과 같았다.

애릭스를 선택하기까지는 오랜 시간이 걸렸지만, 일단 애릭스를 선택한 후에 나는 최고의 집중력을 쏟아 부었다. 내 나이 쉰에 접어들었고 굳이 맨 땅에 헤딩해 가면서 실패를 경험할 시간은 없다고 생각했기 때문이다. 그렇게 나는 시작한 지 5일 만에 한국에서는 세 번째로 최고직급자인 체어퍼슨에 올랐다.

나는 지금까지 살아온 시간 중 지금 최고의 전성기를 보내고 있다고 생각한다. 하지만 내 인생의 절정은 아직 아니라고 여긴다. 내가 갈 곳은 더 멀리 있기 때문이다. 예전 같으면 안주하고 멈추었겠지만 지금은 계속 가고 싶은 마음이 든다. 겁이 많고 소심한 내가 이렇게 변했으니 참으로 크게 변한 듯하다.

인생의 전성기를 꿈꾸며 한때는 나도 성공한 사람, 일 잘하는 사람을 흉내 내던 때가 있었다. 아직 나만의 것이 없어 초조하기도 했지만 내가 잘 모르고 서툰 부분을 배우고 싶어서였다. 일에 대해선 확실히 욕심이 많았다.

회사에서 어떤 프로모션이 정해지면 회사가 만족할 만큼의 분량을 넘어 어떻게 하면 1등이 될 수 있을까 고민했으니 말이다. 이번 달 매출 목표가 1억이라고 치면 1억을 팔아야지 하는 생각보다 그동안 최고 기록이 뭔지, 얼마까지 하면 최고 기록을 깰 수 있는지 물어보았다. 목표를 달성하기 위해 하루

5명을 만나야 한다면 10명씩 만났다. 실패율을 줄이기 위해서였다. 5명 만나서 4명 실패하고 1명 성공하면 20% 성공한 것이지만 10명을 만나면 성공률은 더 높아진다.

그러다 보니 아이디어가 많아졌다. 내가 똑똑해서가 아니라 매일 고민하고 또 고민했기 때문이다. 언변이 화려하거나 특별나게 잘난 구석도 없는 내가 저 고객에게 어떻게 어필할까, 내가 지닌 매력으로 어떻게 감동시킬 수 있을까 생각하고 또 생각했다.

경력자이든 초보자이든 가장 위대한 스펙은 경험이라고 생각한다. 숱한 실패와 좌절과 아픔을 겪으면서 쌓은 것이기에 진짜 내 것이 아닐까. 그러니 경험이 풍부한 사람이 위기에 강한 모습을 보이는 것도 당연한 일처럼 보인다. 경험은 디테일을 만들어준다. 막연하게 바라보는 사람과 디테일까지 생각하는 사람은 삶의 질과 사회적 성취가 다를 수밖에 없을 것이다.

나도 한때는 내가 성공한 인생인 줄 알았다. 그러나 그것은 나의 착각이었다. 단지 작은 성취를 이룬 것에 불과했던 것이다. 위기를 겪었을 때는 내 인생이 끝장난 줄 알았다. 그러나 그 또한 나의 착각이었다. 그 시간이 지나자 더 큰 성공이 찾아왔다. 1~2년 전만 해도 '진짜 전성기 한 번 제대로 누리지 못하고 이렇게 나이만 드는구나' 싶었는데, 지금은 예전보다 훨씬 더 큰 영역에서 일하며 행복한 날들을 보내고 있다.

최근 경험한 일에서 가장 크게 배운 것은 인생의 성공도 실패도 단 한 번만 찾아오는 게 아니라는 것이다. 바다에 크고 작은 파도가 오듯 성공도 실패도 연달아 또는 번갈아 온다. 그렇기 때문에 성공을 거둔 순간에도 위기관리 능력이 중요해지고, 실패를 한 순간 긍정적인 마음을 가지면 도움이 된다. 모든 기회에는 어려움이 있으며, 모든 어려움에는 반드시 기회가 있기 때문이다. 그것을 볼 줄 아는 사람은 자기 인생의 주인공으로 살아갈 것이고 알아보지 못하는 사람은 시간과 돈의 노예처럼 살아간다.

자기 인생의 주인공으로 후회 없는 삶을 살아가려면 어떻게 살아야 할까? 눈앞에 있는 산 하나를 넘었다고 그것으로 끝났다고 여기지 말고 큰 산을 넘으면 또 산이 있다고 여기는 마음이 필요할 것이다.

장인정신을 갖고 묵묵히 인생 길을 걷는 사람들은 성공이나 실패에 연연하지 않는다. 그저 자신을 미완성이라고 여기며 꾸준히 계속해 나간다. 그런 겸손이 그들을 더욱 빛나게 하는 것 같다. 그런 분들은 옆에서 지켜보는 것만으로도 저절로 고개가 숙여진다. 구두 수선공이든, 선생님이든 셰프chef이든 직업과 상관없이 존경심이 생기는 것이다. 자기 인생을 찾는 것, 그것이야말로 진짜 성공이 아닐까.

긴 겨울을 보내고 봄을 맞을 때면 저절로 기지개가 쭉 펴진다. 움츠렸던 몸을 손끝 발끝 쭉쭉 펴고 나면 온몸에 기운이 돈다. 그러고 보면 모든 생명의 근본 욕구는 성장에 있는 것 같다. 어떤 성공을 바라느냐는 사람마다 다르겠지만 우리가 성공이라고 부르는 것도 크게 보면 자신의 성장과 변화에 있을 것이다.

반드시 이런 삶을 살아야만 한다고 목소리를 높이고 싶지는 않다. 어떤 삶이 옳은 인생이라고 판단할 능력이 내게는 없다. 다만 오늘 하루를 사랑하고, 주어진 일에 최선을 다하고, 하고 싶은 일에 도전하며, 주변 사람들에게 조금이라도 좋은 영향을 미치고 싶을 뿐이다.

곧게 뻗어 있기만 한 길은 없다. 직선으로 보이는 길도 어느 지점에선 곡선으로 구부러지고 다시 펼쳐지며 길을 이어간다. 지금 내 앞에 보이는 길이 구부러진 곳이라 끝이 보이지 않는다고 걱정하진 않았으면 좋겠다. 힘들면 잠깐 쉬는 것도 괜찮다. 누구에게나 자신만의 속도가 있다. 다만 중간에 멈추지 말고 끝까지 가면 된다. 내 인생의 진짜 전성기가 어떤 모습일지, 내 앞에 펼쳐진 인생 길을 다 걷기 전엔 알 수 없으니 말이다.

당신이 만약 현재 활동하는 사업가라면 성과가 바로 나오지 않는다고 해서 너무 조급해하지는 않았으면 좋겠다. 원하던 성공이 늦어지면 대개는 막연한 불안을 느낄 것이다. 일이 어떻게 흘러갈지 예측할 수 없는 순간에는 더욱 위기감을 느낄 것이다. 불투명한 미래 앞에서 나 또한 구체적인 그림을 그릴 수 없어 불안하기는 마찬가지였다. 그렇지만 이번이 내게 주어진 마지막 기회라는 생각이 들었기에 용기를 낼 수 있었고, 함께하는 사람들이 있었기에 즐겁게 일할 수 있었다.

이 책을 읽은 독자들도 자신의 삶을 뜨겁게 덥히면서도 여유로운 마음으로 인생을 주도해 갈 수 있다면 좋겠다고 소망해 본다.

인생의 기로에 서서 큰 결정을 앞두고 있을 때마다 맏딸로서의 입장이 많은 영향을 끼쳤다. 맏아들만큼이나 맏딸로 살아가는 삶의 무게도 사실은 어마어마하다. 대한민국에서 장녀로 살아간다는 건 또 다른 어려움을 안고 살아간다는 걸 의미한다. "큰 딸은 살림 밑천이다"라는 말은 은근히 조여오는 의무와 강박을 다른 방식으로 말해준다. 자기 자신을 좀 더 아끼고 사랑하기를 바라며 이 세상의 모든 맏이들에게 이 책을 바친다.

마지막으로 쉽지 않은 여정을 함께 해준, 이제는 가족 같은 최소영 대표님, 인현진 작가님, 그리고 언제나 힘이 되어주는 사랑하는 동생 정은숙에게도 진심으로 감사의 마음을 전한다.

"도대체 나는 어떤 삶을 살고 싶은 것인가!"

7살 아들, 아내와 함께 떠난 90일간의 배낭여행

추성엽 지음

"엊그제 같던 청춘을 아쉬워하며 내려갈 길을 찾아야 하나 싶어 답답함 때문에 읽은 책."

_ 예스24 독자 just××××××

"부자가 되고 싶으면 '나'를 먼저 알아야 한다!"

우리의 일상을 온통 쥐고 흔드는 돈에 관한 심리학

올리비아 멜란 · 셰리 크리스티 지음 | 박수철 옮김

"감탄이 절로 나온다. 모든 커플들이 여기서 소개하는 기법을 배워야 한다."

_ 존 그레이(『화성에서 온 남자 금성에서 온 여자』 저자)

"19살 딸과 엄마의 다이어트는 달라야 한다!"

에이징 스페셜리스트가 말하는
여성 호르몬과 다이어트에 관한 거의 모든 것

아사쿠라 쇼코 지음 | 이예숙 옮김

"체온관리, 영양관리, 체간운동, 3가지 원칙 덕분에 40대에 복근이 생겼어요."

_ 옮긴이 이예숙(일본어 강사)

"당뇨, 고혈압, 비만, 아토피······ 근원은 '당'에 있다!"

3개월 만에 17kg 뺀 의사의 체험

니시와키 슌지 지음 | 박유미 옮김

"탄수화물 중독에서 벗어나니까 간식 생각이 나지 않아요."
_솔트앤씨드 카페 독자 비니빈이 님

"그동안 단 것을 너무 많이 먹었어~!"

차려먹을 필요 없이 한 그릇으로 끝내는 식이요법

허지혜 지음

"가벼워진 몸, 편안해진 눈, 맑아진 머리······ 컨디션이
좋아져서 대만족입니다."
_솔트앤씨드 카페 독자 동이할매 님

"위산 과다의 시대, 췌장을 쉬게 하라!"

저탄수화물 고필수지방 음식치료

이권세 · 조창인 · 채기원 지음

"고혈당과 고혈압이 정상치로 돌아왔어요."
_솔트앤씨드 카페 독자 은2맘 님